Das Schweigen der Mitte

Ulrike Ackermann

Das Schweigen der Mitte

Wege aus der Polarisierungsfalle

„Der Kampf zwischen der Versuchung des Totalitarismus und den liberalen Sehnsüchten dauert an. Er wird ebenso lange fortgesetzt werden wie unser Auge reicht. Die Freiheiten, derer wir uns erfreuen, behalten im Westen die Zerbrechlichkeit der kostbarsten Errungenschaften der Menschheit. "

Raymond Aron

Die Deutsche Nationalbibliothek verzeichnet diese Publikation in der Deutschen Nationalbibliografie; detaillierte bibliografische Daten sind im Internet über http://dnb.dnb.de abrufbar.

wbg THEISS ist ein Imprint der wbg.

© 2020 by wbg (Wissenschaftliche Buchgesellschaft), Darmstadt
Die Herausgabe des Werkes wurde durch die Vereinsmitglieder der wbg ermöglicht.
Satz: Melanie Jungels, TYPOREICH – Layout- und Satzwerkstatt, Nierstein
Gedruckt auf säurefreiem und alterungsbeständigem Papier.
Printed in Germany.

Besuchen Sie uns im Internet: www.wbg-wissenverbindet.de

ISBN 978-3-8062-4057-3

Elektronisch sind folgende Ausgaben erhältlich:
eBook (PDF): ISBN 978-3-8062-4066-5
eBook (Epub): ISBN 978-3-8062-4067-2

Inhalt

Inhalt

Einleitung

In seinem letzten Buch *Versuchungen der Unfreiheit* wünschte sich Ralf Dahrendorf Intellektuelle als besonnene, „engagierte Beobachter", ausgestattet mit der Weisheit der leidenschaftlichen Vernunft. Er hoffte auf ihre Interventionen angesichts eines neuen Autoritarismus und verlangte von ihnen gleichermaßen kühle Reflexion, „ein Leben zwischen den Eindeutigkeiten, ein unbequemes Leben also, das dennoch ertragen werden will."

Gibt es diese öffentlichen Intellektuellen noch, die unbequem sind, aber nicht schrill, die beraten können, ohne machthörig zu sein? Brauchen wir sie überhaupt noch nach diesem rasanten Strukturwandel der Öffentlichkeit im Zuge der digitalen Revolution? Jene bürgerliche Öffentlichkeit, in der Intellektuelle ehemals agierten, verflüchtigt sich zunehmend zwischen Blogs und Plattformen im Internet, zwischen Informationsblasen, Shitstorms und sich ständig selbst aufheizenden Echoräumen. Und damit verlieren auch die intellektuellen Akteure selbst an Bedeutung. Einige beklagen diese Fragmentierung der Öffentlichkeit, andere bejubeln den Verlust der einstmaligen Deutungshoheit, die Intellektuelle innehatten, und rühmen die neue Demokratisierung der Diskurse. So überhaupt noch Rat eingeholt wird, sei es in der Politik, in Institutionen oder Talkshows, sind heute anstelle breit gefächerter und universalistischer Perspektiven zudem eher Experten mit spezialisiertem Fachhorizont gefragt. Geistfeindlichkeit und die Neigung, die Komplexität der Welt auf einfache Muster herunterzubrechen und keine Ambivalenzen zu dulden, machen sich allenthalben breit. Diese Anfeindung des Intellekts geht einher mit einer immer vehementer um sich greifenden Antipolitik. Ihre autoritären Anführer scharen per Twitter diesseits und jenseits des Atlantiks eine virtuelle Volksgemeinschaft um sich und setzen sich über Gewaltenteilung und deliberative Traditionen der Demokratie dreist hinweg. Wenn diese über Jahrhunderte hart erkämpften politischen Freiheiten selbst zur Disposition stehen und unter wachsenden Druck geraten, wäre eigentlich die Stunde der Intellektuellen gekommen, um diese Freiheiten zu verteidigen. Doch wo sind sie heute und wer sind sie überhaupt?

Seit der Dreyfus-Affäre Ende des 19. Jahrhunderts und Émile Zolas berühmter Parteinahme – die Geburtsstunde des modernen Intellektuellen – hadern sie mit ihrer Rolle. Anlass für diese erste spektakuläre Intervention eines Intellektuellen war die Verurteilung des jüdischen Hauptmanns Alfred Dreyfus wegen Spionage für die Deutschen von einem Pariser Gericht. Begonnen hatte sie mit Émile Zolas offenem Brief an den Präsidenten der Republik, der am 13. Januar 1898 in der von Georges Clemenceau herausgegebenen Tageszeitung *L'Aurore* mit der Überschrift „J'Accuse" erschien. Der französischen Armee und Justiz warf er vor, das Recht zu beugen und einen Komplott gegen die Republik zu schmieden. Zolas Aufruf folgte eine Flut von Petitionen, Artikeln und Debatten, in denen Schriftsteller und Journalisten öffentlich das Wort ergriffen, um sich für oder gegen Dreyfus zu positionieren. Erstmals wurden diese Unterzeichner der zahlreichen Petitionen Intellektuelle genannt: zustimmend und positiv aufseiten der Dreyfus-Verteidiger und verunglimpfend seitens seiner Gegner. Bei ihnen mischten sich antisemitische Töne mit der Sorge um die nationale Einheit und die Staatsraison, die sie durch Zolas Appell gefährdet sahen. Die Dreyfus-Verteidiger hingegen intervenierten, um die Würde des einzelnen Menschen, um Wahrheit und Gerechtigkeit zu verteidigen, waren ihnen universelle Werte doch wichtiger als das nationale Interesse. Von Anfang an stellte sich damit die Frage nach dem politischen Engagement der Intellektuellen: Ist es ihre Aufgabe, gegen die Macht aufzustehen, oder sollen sie sich der Politik enthalten und ihre Schreibtische, Katheder oder Leinwände besser nicht verlassen?

Bis heute stehen Intellektuelle vor diesem Dilemma: öffentliches Eingreifen in Debatten oder Enthaltsamkeit gegenüber der schnöden Empirie und dem schmutzigen Geschäft der Politik? Intervention oder Abstinenz zugunsten der hehren Wissenschaft, Literatur und Neutralität? Obwohl die komplizierte Weltlage gerade jetzt intellektuellen Esprit im öffentlichen Raum und der Politik bitter nötig hätte.

Die Unzufriedenheit der Bürger mit dem politischen Personal, das allzu oft Politmarketing mit Politik verwechselt, der immense Vertrauensverlust und die Verachtung der Eliten sind in Europa und den USA inzwischen so ausgeprägt, dass die alten Volksparteien reihenweise abgewählt werden und populistische Parteien und Bewegungen allgegenwärtig geworden sind.

Die Landtagswahl in Thüringen 2019 zeigte erneut, dass die politische Mitte zerbröselt und keine Regierungsbildung mit dem bürgerlichen Lager mehr möglich ist. Die extremen Ränder stellen die absolute Mehrheit, die Linke ist erstmals stärkste Partei in einem Bundesland geworden, und die gewachsene AfD erhält ein Viertel der Stimmen.

Doch nicht nur die politische Klasse hat in den letzten Jahren stark an Glaubwürdigkeit verloren, sondern das Misstrauen und die Ressentiments der Bevölkerung gelten auch den Leistungseliten in Wirtschaft, Wissenschaft, Kultur und Medien. Ihnen wird vorgeworfen, versagt zu haben, weil sie ihre Bodenhaftung eingebüßt hätten und den immensen Herausforderungen, mit denen die westlichen, liberalen Demokratien konfrontiert sind, nur zögerlich begegnet seien: Weltweite Migrationsbewegungen nach Europa auf der Flucht vor Bürgerkriegen und auf der Suche nach Wohlstand, die Europäische

Union (EU) selbst in der Krise und am Scheideweg, westliche Werte und Freiheiten unter Druck von außen wie von innen, fortgesetzter islamistischer Terror gegen unseren Lebensstil und das Wiedererstarken autoritärer politischer Führer. Man denke nur an die neoimperiale Politik Wladimir Putins, Chinas ökonomischen Eroberungsfeldzug oder Erdoğans islamistische Präsidialdiktatur. Der autoritär-chauvinistische Führungsstil hat auch in Ostmitteleuropa und im Westen seine Nachahmer gefunden. So wird der Rechtsstaat etwa in Polen oder in Ungarns sogenannter „illiberaler Demokratie" ausgehöhlt. Von Donald Trump gar nicht zu reden, der das lange erfolgreiche westliche Freiheitsprojekt und die bisher geltende Weltordnung täglich weiter demontiert. Lange Zeit waren die Menschenrechte und die Verbreitung von Demokratie Maßstäbe für die US-Außen- und Bündnispolitik. Das ist vorbei: Die bisherige Weltordnung mit Amerika als ordnender, westlicher Führungsmacht droht sich aufzulösen.

Blickt man zurück nach Deutschland, stellt sich die Frage, wie hier die Intellektuellen in dieser unübersichtlich schwierigen Lage agieren. Greifen sie ein oder schweigen sie? Sind sie nützlich oder irrelevant in den Debatten, die unsere Gesellschaft heute über ihre Zukunft und ihren Zusammenhalt umtreibt? Der Soziologie Karl Mannheim sprach 1929, von einer „freischwebenden Intelligenz", die mutig interveniere, wenn es politisch brenzlig wird, und die zugleich institutionell unabhängig sei. Wer verkörpert eine solche Intelligenz heute noch in Deutschland und wie positionieren sich Intellektuelle politisch in den lodernden gesellschaftlichen Konflikten hierzulande?

Ihr Deutungsmonopol haben sie verloren, auch weil es im Zuge der digitalen Vervielfachung der Kommunikationswege und Plattformen kein Deutungszentrum mehr gibt. Auch die Zahl der intellektuellen „Großköpfe", die in vergangenen Jahrzehnten die Rede führten und Debatten aus den Universitäten initiierten und aus dem Kulturbetrieb heraus in die Gesellschaft hinein wirkten, hat sich immens verkleinert.

Die großen gesellschaftlichen Debatten werden heute nicht aus der politischen Mitte heraus geführt, sondern entzünden sich von den Rändern her und münden fast umgehend in Polarisierungen. Obwohl das ideologische Rechts-Links-Schema überwunden schien, wird es doch immer wieder bemüht, gleich einem Pawlow'schen Reflex. Gerade Vertreter der akademischen Linken im Wissenschafts- und Kulturbetrieb mit ihren vielfältigen und gut vernetzten Institutionen wirken meinungsbildend, wenn sie unbequeme, nicht gefällige Positionen abkanzeln, weil sie vermeintlich dem Common Sense widersprächen – zum Beispiel in Debatten über Migration, Integration und den politischen Islam oder auch immer wieder über die politische Gestalt und Praxis der EU. Oft geschieht dies mit dem Hinweis, es handele sich bei diesen Positionen um populistisches, rechtes, rassistisches, gar faschistisches oder islamophobes Gedankengut oder provoziere den Beifall aus derartigen Kreisen, also von der ganz falschen Seite. Das sind weit verbreitete Versuche, andere politische Einschätzungen und Deutungen der gesellschaftlichen und politischen Lage zu delegitimieren, was zuweilen sogar in Sprechverboten gipfelt. Rechte und konservative Intellektuelle, die sich zum Erstaunen der linksliberalen Öffentlichkeit inzwischen um Petitionen gruppieren, kontern mit dem Vorwurf der „Meinungsdiktatur" und der „Herrschaft des politisch Korrekten", die von links durchgesetzt würden und inzwischen den Mainstream bestimmten. Darin wiederum wittern die Linken das Aufziehen einer konservativen Revolution, gar einen untergründig immer noch in der deutschen Seele fortwährenden Faschismus, dem radikal Einhalt zu gebieten sei. Natürlich ist es alarmierend, wenn Asylbewerberheime angezündet werden, wenn sich Rechtsextreme und Neo-Nazis heute wieder dreister zusammenrotten, bestens vernetzt sind, ihre Parolen lautstark herausbrüllen und zu Terroristen und Mördern werden. Verstörend ist auch die Zunahme des Antisemitismus von rechts, aber auch von links, nicht erst seit dem Anschlag in Halle 2019 – und die lange Tatenlosigkeit des politischen Berlins. Dennoch ist die Rede vom Heraufziehen des Faschismus unsinnig, alarmistisch und verharmlost diese totalitäre Herrschaftsform. Es beginnt auch hier wieder reflexhaft das grobe Faschismus-Antifaschismus-Wechselspiel und prägt den Streit wie eh und je in der Rechts-Links-Konfrontation, obwohl sich die Kontroversen etwa über soziale Gerechtigkeit immer stärker von jener dezidiert klassenpolitischen Position entfernen, die sich vornehmlich an marxistischen Koordinaten orientierte. Der Antikapitalismus ist jedoch immer noch beliebt – auf linker wie auf rechter Seite – und die Schriften von Karl Marx erleben eine Renaissance in der Rezeption, obwohl die Zeit der unterdrückten industriellen Arbeiterklasse längst vorbei ist. Ins Zentrum der erneuten Rechts-Links-Konfrontation ist nun vor allem der Streit über das Selbstverständnis der Nation, ihre Grenzen, ihren Zusammenhalt und über den Umgang mit gesellschaftlichen Minderheiten gerückt. Gestritten wird über die vorgebliche oder reale soziale Benachteiligung neuer Opfergruppen, darunter Migranten, sexuelle, ethnische und religiöse Minderheiten. Frauen stehen immer noch als Benachteiligte und fortwährendes Opferkollektiv im Fokus. Auch in der Debatte über den adäquaten Umgang mit dem Klimawandel stehen sich die Lager unversöhnlich gegenüber.

Wir beobachten heute Polarisierungsprozesse auf unterschiedlichen Ebenen: Sie zeigen sich in sozialen Spaltungen gesellschaftlicher Gruppen, sie prägen Debatten, fördern eine dichotome politische und ideologische Lagerbildung und zeichnen natürlich auch die intellektuelle Landschaft. Intellektuelle sind Teil dieser Prozesse, aktuell wie historisch. Sie forschen über und blicken auf die Realität, deuten, stiften Sinn, ob mit großem oder kleinem Engagement, öffentlich oder im akademischen Raum. In keinem Fall aber stehen sie über den Dingen.

Die Polarisierungen in diesen Debatten sind flankiert von einem wachsenden Moralisierungsdruck, der ein umfassendes Argumentieren, das heißt eine breite gesellschaftliche Auseinandersetzung mit den gegenwärtigen Krisen und Herausforderungen ohne Denkverbote und ideologische Scheuklappen immer schwieriger macht. Deshalb schnappt die Polarisierungsfalle zu, und sie greift so erbarmungslos, weil die Kontrahenten sich in ihrem Wunsch nach Eindeutigkeit, Reinheit der Position und beim Leugnen von Ambivalenzen gegenseitig noch befeuern.

Der Platz der politischen Mitte hingegen ist weitgehend verwaist – wovon auch der allseits beklagte Niedergang der Volksparteien zeugt. Und dieses entstandene Vakuum wird, bis auf eine sehr überschaubare Anzahl von Protagonisten, intellektuell nicht bespielt. Das heißt: In der politischen Mitte sind Intellektuelle, die den gegenwärtigen Krisen mit beherzt freiheitlichen, antitotalitären und universalistischen Positionen relevant begegnen würden, kaum wahrzunehmen oder fristen ein Dissidenten-Dasein. Die Mitte ist geistig entleert.

Die Polarisierungsfalle lässt sich indes nur öffnen, wenn andere Positionen und Argumente dazwischenfunken und in der verheerenden bipolaren Konfrontation die Mitte für die Vernunft und neue Gedanken zurückerobern. Diesem Befund geht der vorliegende Essay auf den Grund, um entlang der gesellschaftlichen Debatten der letzten Jahre zu verstehen, warum wir uns in dieser unkomfortablen und misslichen Situation befinden. Wo wir doch gerade jetzt alle intellektuelle Kraft aufbieten müssten, um den Anfeindungen der Freiheit und den Angriffen auf unsere liberal-demokratische Ordnung adäquat zu begegnen.

Intellektuelle im politischen Kräftespiel

Ihre Präsenz in Deutschland und Frankreich

Dass es Intellektuelle noch gibt, sie wahrgenommen werden und über Deutungsmacht verfügen, will die Zeitschrift *Cicero* mit ihrer alljährlichen Rangliste der 500 wichtigsten Intellektuellen zeigen. Diese Erhebung basiert auf der Präsenz von Intellektuellen in den 160 wichtigsten deutschsprachigen Zeitungen und Zeitschriften. Außerdem werden Zitationen im Internet ermittelt und Treffer in der Suchmaschine Google Scholar gezählt. Ausdrücklich betont *Cicero,* es gehe dabei nicht um die inhaltliche Qualität der Einlassungen sondern um Quantität. Das wirft natürlich die Frage auf, ob diese Quantifizierung anstelle einer Qualifizierung nicht bereits Teil unseres Problems ist und auf das Schwinden des Intellekts im eigentlichen Sinne verweist. Denn originäre Qualität, Kreativität, Eigensinn und riskantes, offenes Denken als intellektuelle Potenz sind gerade jene Attribute, die Intellektuelle über Jahrhunderte ausgezeichnet haben.

Angeführt wird die *Cicero*-Rangliste 2019 von einigen noch verbliebenen „Großköpfen": dem Philosophen Peter Sloterdijk, gefolgt von seinem Kollegen Jürgen Habermas, den Schriftstellern Hans Magnus Enzensberger, Martin Walser und Peter Handke, dem ehemaligen Politiker und anschließend erfolgreichen Publizisten Thilo Sarrazin – Politiker werden sonst nicht in dieser Liste geführt –, der Schriftstellerin Elfriede Jelinek, dem Ökonomen Werner Sinn und der Journalistin Alice Schwarzer. Diese Spitzenreiter haben alle das 70. Lebensjahr überschritten, was der Würdigung ihrer bisherigen intellektuellen Leistungen natürlich keinen Abbruch tut. Die Schriftstellerin Juli Zeh sorgt auf Platz elf dennoch deutlich für Verjüngung.

Das Messverfahren für dieses Ranking hat der Ökonom und Politikwissenschaftler Max A. Höfer entwickelt, der die Intellektuellen-Liste für *Cicero* bereits seit 2006 erstellt. Seither ist zu beobachten, wie sich die Positionierung der 500 Intellektuellen verschiebt. Die Kategorie „Intellektueller" ist laut dieser Rangliste recht weit gefasst. Neben Schriftstellern, Sozial- und Geisteswissenschaftlern finden sich Ökonomen, Publizisten und ausgesprochen viele Journalisten – auch wenn Max A. Höfer inzwischen einen Abwärtstrend für Publizisten und Schriftsteller beobachtet, während Naturwissenschaftler, Mediziner und Ökonomen die großen Aufsteiger in diesem Ranking sind.

Die Häufigkeit der öffentlichen Präsenz in Gestalt von Zitaten, Büchern und Artikeln, aber auch leibhaftig auf Podien und in Talkshows macht die gelisteten Intellektuellen – durchaus auch in pekuniärer Hinsicht – zu jenen Spitzenreitern, die umtriebig in der Republik unterwegs sind und sich geschmeidig in den Kulturbetrieb einfädeln. Legt man als Maßstab hingegen eine etwas puristischere Definition des Intellektuellen an, die sich stärker an der historisch gewachsenen Rolle und den qualitativen Interventionspotenzialen orientiert, enttäuscht diese Rangliste. Zeigt sie im Resultat und in der Machart nicht gerade, dass jene Intellektuellen, die wir aus vergangenen Zeiten kennen, die mit scharfem Blick die Gesellschaft ins Visier nehmen, mit ihrer Skepsis ärgern und mutig an Glaubenssätzen, Sitten und Tabus rütteln, am Aussterben sind? Hat diese Figur des „Rüpels und Rebells" nicht schon längst abgedankt?

Die Publizistin Hannelore Schlaffer erinnert in ihrer *Erfolgsgeschichte des Intellektuellen* an diese nonkonformistische Rolle, als der rüpelhaft-rebellische Intellektuelle als Kritiker noch ärgern konnte und zugleich als Erfinder neuer Lebensstile und Freiheiten geschätzt wurde. Als „Hofnarr und Missionar" seiner Gesellschaft, konnte er ein „notwendiges Ferment der Aufklärung" sein. Und eben eine solche Form des Intellektuellen meint der Medienwissenschaftler Norbert Bolz – selbst auf vielen Podien unterwegs – auch heute noch zu erblicken. In seiner Laudatio auf den Anführer der *Cicero*-Liste bescheinigt er Peter Sloterdijk Geistesgegenwart ohne Zeitgeistigkeit. Sloterdijk trotze dem medial wie politisch zugespitzten Konformitätsdruck. In einer Zeit, in der die Politik zum Gefälligkeitsdenken, die Medien zur Selbstinszenierung und die Universität zur Resignation verführe, brilliere er mit Eigensinn. Eine Figur, wie sie besonders häufig bei unseren Nachbarn zu finden ist.

Frankreich zehrt bis heute noch von seinem Ruf, das Land der Intellektuellen und gewissermaßen Erfinder dieser Spezies zu sein. Es wundert deshalb nicht, dass es dort unzählige Studien und regelrechte Bestseller über ihre Geschichte, ihren Aufstieg und Niedergang, ihren Verrat, ihre Verantwortung oder ihre Neuverortung gibt. Im Vergleich zu Deutschland war die Essay- und Zeitschriften-Kultur, in der auf hohem Niveau und dennoch breit rezipiert über den Zustand der Gesellschaft gestritten wurde, in Frankreich schon immer viel ausgeprägter. Dazu kam das hohe Ideal des institutionell unabhängigen Intellektuellen, der öffentlich interveniert: Der 2015 verstorbene Philosoph André Glucksmann verkörperte dies auf vortreffliche Weise. Vom ehemaligen Maoisten in der 1968er Studentenrevolte zum antitotalitären Liberalen gewandelt, provozierte er gern Debatten und sparte nicht mit Polemik. Im Gegenzug begleiteten ihn Anfeindungen, scharfe Kritik und Missgunst bis zu seinem Tod.

Einer seiner Kontrahenten war der Soziologe Pierre Bourdieu, der am ehrwürdigen Collège de France in Paris lehrte. Er galt als „Papst" seines Fachs und war zugleich ein veritabler

Vertreter jener akademischen Linken, die das Engagement der Intellektuellen einforderten. Institutionell verankert und stolz auf seine akademische Reputation, polemisierte er gern und zuweilen recht aggressiv gegen sogenannte „Medienintellektuelle". Diese Vogelfreien, nicht eingebettet in eine wissenschaftliche Institution und Hierarchie, waren ihm zutiefst suspekt. Das war umso erstaunlicher, als sich der Soziologe völlig zu Recht seinen guten Ruf gerade mit Untersuchungen über *Die feinen Unterschiede* erworben hatte, mit akribischen Analysen sozialer Rangunterschiede und Dynamiken der Macht, der Anerkennung und des gesellschaftlichen Auf- und Abstiegs. Neben dem ökonomischen, sozialen und symbolischen Kapital führte er den Begriff des kulturellen Kapitals ein. Er untersuchte damit Bedeutung, Stellenwert und Nutzen, die der Bildung im sozialen Beziehungsgeflecht und der Genese von Machtstrukturen zukommt. In seinem Anfang der 1980er-Jahre erschienenen Buch *Homo academicus* setzte sich Bourdieu dann ausführlich mit der Frage auseinander, wer überhaupt die Definitionsmacht darüber habe, wer ein Intellektueller ist, und sich damit ermächtige, kulturelle Produktion zu bewerten.

Bestsellerlisten und Bestenlisten der großen Zeitungen und Zeitschriften, die Intellektuelle bewerteten und in eine Hierarchie einordneten, gab es schon damals. Unter der Überschrift „Die Hitparade der französischen Intellektuellen oder: Wer richtet über die Legitimität der Richter?" mokiert sich Bourdieu mit beißendem Spott über das Ranking intellektueller Akteure. Er sieht dabei kulturindustrielle Mechanismen am Werk, wobei sich „Journalisten-Intellektuelle" und „Intellektuelle-Journalisten" aufs Engste miteinander verstrickten. Dieser Prozess „vollzieht sich auf mehreren Ebenen: auf der des ‚informellen' Austauschs privater, wenn nicht vertraulicher Urteile und Wertungen (‚Sag's nicht weiter, aber das letzte Buch von X ist unter aller Sau') zwischen Journalisten, schriftstellernden Journalisten und journalistisch tätigen Schriftstellern, aber auch auf der Ebene der öffentlichen Verdikte, also der Rezensionen, Kritiken, Einladungen zu Radio- und Fernsehauftritten, schließlich auch der ‚Bestenlisten'." (Bourdieu 1992)

Diese scharfsinnige Analyse des Soziologen gilt nicht nur für Frankreich. Auch in Deutschland können wir bis heute – und noch angetrieben und beschleunigt vom Internet und den sozialen Netzwerken – ganz ähnliche Mechanismen im Kultur-, Wissenschafts- und Medienbetrieb beobachten.

Verortungen von rechts bis links

Pierre Bourdieu pochte auf die „kritische Mission", die den Intellektuellen als Schriftstellern, Künstlern und Wissenschaftlern obliege. Denn aufgrund dessen, was sie wissen und selbst beherrschen, verkörperten sie eine Form von Universalität und hätten als Kollektiv die Funktion, Vernunft zu repräsentieren.

Angesichts des aktuellen Unbehagens im Wissenschaftsbetrieb und der Debatten über Meinungs- und Wissenschaftsfreiheit an Hochschulen sind Bourdieus damalige Mahnungen geradezu hellseherisch: Der intellektuelle Rekurs auf Universalität schließe die kompetente Wahrnehmung ihrer Eigeninteressen ein. Dazu zählte er vor allem die Veröffentlichung eigener Werke und die Realisierung der Freiheit von Lehre und Forschung. Er war davon überzeugt, dass Intellektuelle kollektiv intervenieren müssten, um „mit ihren Werten allgemein-kritische, vernünftige Werte zu verteidigen", sagte er mir 1992 in einem Gespräch.

Bourdieu, selbst nicht frei von eitlen Neigungen, sparte nicht mit Polemik gegenüber den sogenannten *Nouveaux Philosophes*, jenen öffentlich sehr präsenten Intellektuellen, die im Zuge des sogenannten Gulag-Schocks 1974 mit ihrer marxistisch-leninistischen, trotzkistischen oder maoistischen

Vergangenheit gebrochen hatten. Auslöser der großen Debatte war damals die Veröffentlichung des Buchs *Archipel Gulag* von Alexander Solschenizyn über die Straf- und Todeslager in der Sowjetunion. Gestritten wurde über Bewertung und Einschätzung der kommunistischen Verbrechen, die von vielen Intellektuellen lange Zeit verharmlost oder verschwiegen worden waren. André Glucksmann, Bernard-Henri Lévy, Alain Finkielkraut und Pascal Bruckner gingen mit ihrer eigenen linken Vergangenheit und intellektuellen Verleugnungsstrategie hart ins Gericht und vertraten fortan in Debatten eine antitotalitäre Agenda. Die alten Lagergrenzen von rechts und links erodierten, und es entstand allmählich eine neue intellektuelle Landschaft. Ganz anders verhielt es sich damals in Deutschland, in der die Weichzeichnung des Kommunismus und ausgeprägte Opposition gegenüber einem als bürgerlich-konservativ verunglimpftem Antikommunismus bei Intellektuellen noch bis weit nach dem Mauerfall und den friedlichen Revolutionen in Europa virulent blieb. Der Schriftsteller Heinrich Böll stand in der deutschen Debatte, als er damals seinen Kollegen Solschenizyn gegen die Anwürfe verteidigte, ein reaktionärer Antikommunist zu sein, auf ziemlich einsamem Posten. Den Verharmlosern der sowjetischen Diktatur hielt er entgegen: „Kein Zweifel, im Archipel Gulag wird nicht etwa nur entstalinisiert, es wird auch entlenisiert, beiden Väterchen wird auf die Finger geklopft und ins Stammbuch geschaut." Solche neuen „Antitotalitären" ernteten prompt den Vorwurf des Renegatentums, besonders von Intellektuellen auf der deutschen Rheinseite.

Der akademische Linke Pierre Bourdieu seinerseits attackierte die *Nouveaux Philosophes* nicht offen politisch. Er versuchte, sie zu delegitimieren, weil sie institutionell nicht eingebunden waren und keinen akademisch abgesicherten Status hatten – und dennoch über eine solch umwerfende Präsenz in den Medien verfügten. Der hoch angesehene Soziologe, selbst medial äußerst präsent, giftete als Staatsbeamter just gegen jene unabhängigen, „freischwebenden Intellektuellen", die sich jenseits staatlicher Alimentierung und Förderung auf dem freien Markt des Denkens, Schreibens und Debattierens behaupten mussten. Für ihre Unabhängigkeit zahlten sie im kulturindustriellen Sektor natürlich ihren Preis, ständig unter dem Druck, Neues produzieren und ihre Bücher optimal bekannt machen und vertreiben zu müssen. Ihre vornehmlich gewählte Ausdrucksform des Essays ist wortwörtlich zu verstehen: Sie verfassten Versuche der Zeitdiagnose jenseits geschlossener philosophischer Systeme, soziologischer Schulen oder Lehrmeinungen und politisch-normative Einlassungen, die es nicht darauf anlegten, dem kulturellen Mainstream zu entsprechen. Natürlich waren auch sie nicht immer vor Irrtümern gefeit.

Trotz seiner Häme gegenüber diesen außeruniversitären Kollegen begrüßte Bourdieu die Uneinigkeit und Kontroversen zwischen Intellektuellen. Ihre Auseinandersetzung sei letzten Endes ein Kampf darum, was richtig ist, also ein Kampf um die Wahrheit. Doch im vernetzten Kultur-, Medien- und Wissenschaftsbetrieb geht es beileibe nicht nur um die hehren Werte der Aufklärung, sondern immer auch um Macht, Geltungsansprüche und den Kampf um Ressourcen.

Schon Julian Bendas 1927 erschienenes Buch *La trahison des clercs* entfachte eine lang während Diskussion über die gesellschaftliche Rolle der Intellektuellen. Ihm ging es um die Verteidigung eines Berufsstandes, der sich nicht vonseiten der Politik oder von aktuellen Notwendigkeiten vereinnahmen lassen solle, sondern „im Namen ewiger Werte und nicht dem Gebot der Stunde gemäß" urteile. Der mit dem Kommunismus kokettierende Philosoph Walter Benjamin hielt ihm damals in seiner Rezension des Buchs entgegen, Aufgabe des Intellektuellen sei es gerade nicht, über den Dingen zu stehen, sondern der Wirklichkeit möglichst nahe auf den Leib zu rücken.

Nur weil sie aufgrund ihrer Ausbildung fähig sind, nach Vernunft, Wahrheit und Erkenntnis zu streben, verfügen Intellektuelle nicht unbedingt über eine bessere Moral und sind nicht gefeit davor, zu irren oder sich blenden zu lassen. Sie sind aufgrund ihres Berufs oder ihrer Berufung also nicht per se die authentischen Vertreter universeller Prinzipen, wie Pierre Bourdieu gern insinuierte. Selbst wenn sich die Genese ihres Berufsstands den Prinzipien der Aufklärung und deren erfolgreicher sozialgeschichtlicher Durchsetzung verdankt. Viele von ihnen haben gerade im vergangenen Jahrhundert der totalitären Diktaturen gezeigt, wie sie sich für ethnisch-rassistische und Klasseninteressen zum Diener eines Regimes haben machen lassen oder zu Mitläufern wurden: Linksintellektuelle, welche die Sowjetunion feierten und die kommunistischen Lager und Verbrechen leugneten, schönredeten oder ignorierten; Rechtsintellektuelle, die von der konservativen Revolution, einer Reinheit der Rasse und der Weltherrschaft träumten und den Nationalsozialismus und Faschismus ideologisch bedienten, verteidigten und später versuchten kleinzureden.

Altes Blockdenken und Versuche der Überwindung

In den ersten Jahrzehnten des 20. Jahrhunderts bis zum Beginn des Zweiten Weltkriegs waren die Kommunisten sehr erfolgreich darin, Intellektuelle auf großen Konferenzen zu versammeln und kollektiv Deklarationen zu verabschieden. Vor 1917 bereits in Russland üblich, wurde diese Praxis organisierter Zusammenkünfte von der sowjetischen Kommunistischen Partei (KP), der Kommunistischen Internationale und ihren europäischen Mitgliederparteien in den frühen 1930er-Jahren fortgesetzt. Wie ergiebig diese Propagandaarbeit war, zeigte nicht zuletzt die große Begeisterung vieler deutscher Schriftsteller für die Sowjetunion. Im eigenen Land geächtet, verfolgt oder bereits im Exil, wurde westlichen Intellektuellen in Moskau ein grandioser Empfang bereitet. Zu Hause hatten sie ihre Leserschaft weitgehend verloren, aber im „Arbeiter- und Bauern-Paradies" hob man sie auf ein Podest und feierte sie.

Der Kommunist, Verleger und Filmproduzent Willi Münzenberg leitete die Agitprop-Abteilung der Kommunistischen Internationale und organisierte den „Ersten internationalen Kongress der Schriftsteller für die Verteidigung der Kultur" 1935 in Paris. Unter den Gästen waren André Gide, André Malraux, Robert Musil, Heinrich Mann, Bertolt Brecht und Aldous Huxley. Diese versammelten Schriftsteller einte der Antifaschismus, und viele westliche Intellektuelle ließen sich in seinem Namen von Moskau betören und missbrauchen, auch der Schriftsteller Lion Feuchtwanger. Er war während der Schauprozesse 1936 gegen vorgebliche Abweichler der KP in Moskau zugegen, verteidigte die Todesurteile und denunzierte Kritiker des sogenannten „Großen Terrors" als schlechte Antifaschisten.

Mit der Gegnerschaft zu Hitler gewann der Kommunismus ein neues Gesicht: Die proletarische Revolution wurde zur Vorhut der Demokratie im Kampf gegen den Faschismus; der Antifaschismus geriet gewissermaßen zum negativen Konzept der Demokratie. Der Krieg und der Sieg über Hitler verliehen daher dem Kommunismus 1945 einen nie gekannten Glanz. Die Rote Armee verkörperte nicht nur die Stärke, sondern nun auch die Freiheit, und plötzlich schienen die Verbrechen des sowjetischen Regimes gegen die Völker und Bürger der Sowjetunion durch den Sieg über Hitler wie ausgelöscht. Verbunden war diese Haltung, besonders bei französischen Intellektuellen, mit einem Revolutionsmythos, der in der Oktoberrevolution die Fortsetzung und Vollendung der Französischen Revolution erblickte. Waren die Pariser Intellektuellen – bis auf wenige Ausnahmen – während der deutschen Besatzung eher indifferent, wenn nicht sogar kollaborativ gewesen, so neigten sie in der Nachkriegszeit dazu, diese wenig rühmliche Haltung vehement mit einer radikalen Attitüde zu kompensieren. Heftig polemisierten sie gegen Kapitalismus, Bourgeoisie und Antikommunismus und feierten stattdessen lieber die Sowjetunion. „Historisch ist die UdSSR die Chance des Proletariats, sein Vorbild und die Quelle der revolutionären Wirkung. Darüber hinaus ist sie *an sich selbst* ein zu verteidigender historischer Wert, der erste Staat, der, obwohl er den Sozialismus noch nicht verwirklicht, dessen Prämissen enthält." (Sartre 1982) Diese Einschätzung Jean-Paul Sartres teilten in den 1950er-Jahren viele Intellektuelle in Frankreich, wo die Linke kulturell dominierte. Er hatte schon früher die Sowjetunion gepriesen als ein Land, das aufseiten all derer stehe, die gegen Ausbeutung kämpften. Sein Widersacher, der Soziologe und liberale Totalitarismuskritiker Raymond Aron, hatte 1948 seinen vom Kommunismus begeisterten Pariser Kollegen entgegengehalten: „Wer ein Regime, das Konzentrationslager einrichtet und eine politische Polizei unterhält, die jene der Zaren weit übertrifft, als Station auf dem Weg zur Befreiung der Menschheit betrachtet, der verlässt die Grenzen selbst der für Intellektuelle noch erträglichen Idiotie." (*Le Figaro,* 11.4.1948) In Paris kursierte seinerzeit das Bonmot „Mit Sartre irren ist besser, als mit Aron recht zu haben". Aron stand damals noch auf einem ziemlich einsamen Posten und galt als Nestbeschmutzer. Sein Werk *Opium für Intellektuelle,* das 1955 erschien, provozierte daher erwartungsgemäß heftige Auseinandersetzungen über das Selbstverständnis der Intellektuellen. In dem Buch analysiert er akribisch die Faszinationskraft, welche die kommunistische Ideologie über solch einen langen Zeitraum trotz der stalinistischen Verbrechen auf Intellektuelle ausübt. Die später folgende Kontroverse zwischen Albert Camus und Sartre kreiste ebenfalls um diesen ideologischen Kern.

Auch in Deutschland stand der Kommunismus in den 1950er-Jahren in Intellektuellenkreisen keineswegs unter Bann. Viele sahen die DDR als legitime Erbin des Sieges über den Faschismus und der antifaschistische Gründungsmythos der DDR fand Anklang bei zahlreichen Intellektuellen. Bertolt Brecht, Ernst Bloch, Anna Seghers, Heinrich Mann, Arnold Zweig, Johannes R. Becher und andere waren nach ihrem Kampf gegen das nationalsozialistische Regime bereit, im östlichen Teil Deutschlands zu leben und ein ‚anderes' Deutschland aufzubauen. Dort hofierte man sie als intellektuelle Bündnispartner des antifaschistischen, demokratischen Aufbaus. Sie erhielten zahlreiche Privilegien und gebührender Respekt wurde ihnen entgegengebracht. Ganz anders damals in der eben gegründeten BRD, welche die Exilautoren teils ignorierte oder sie sogar als Störfaktoren in der Phase des Neubeginns ansah. Viele glaubten deshalb auch hier daran, in der DDR könnte tatsächlich ein alternatives Gesellschaftsmodell entstehen.

Der Kongress für kulturelle Freiheit

Die amerikanisch-deutsche Initiative zur Gründung des Kongresses für kulturelle Freiheit am 26. Juni 1950 in West-Berlin war gewissermaßen die Antwort auf die recht erfolgreiche Arbeit der Kommunisten, die Herzen und Köpfe der Intellektuellen zu erreichen. Als Antwort auf die Erfahrungen des Totalitarismus organisierten und versammelten sich darin regelmäßig namhafte amerikanische und europäische Intellektuelle. Sie einte die Hoffnung auf ein *Ende der Ideologien,* wie auch 1962 der Buchtitel des bekannten Soziologen Daniel Bell lautete. Der Kongress spielte fortan in der ideologischen Gemengelage eine gewichtige Rolle und die Protagonisten wurden von links und natürlich von den kommunistischen Parteien umgehend als Kalte Krieger beschimpft.

Zu den Hauptakteuren des Kongresses zählten der Schriftsteller Arthur Koestler und der 1920 in New York geborene

Journalist Melvin J. Lasky. Koestlers politische Erfahrungen und der Bruch mit der Kommunistischen Partei prägten sein gesamtes literarisches Werk. *Sonnenfinsternis,* erschienen 1940, ist eines der beeindruckendsten Dokumente über die sogenannten „Großen Säuberungen" Stalins von 1936 bis 1938. Und Lasky war nach Kriegsende als Kulturoffizier nach Berlin gekommen und hatte 1948 den *Monat* gegründet. Diese beiden und zahlreiche andere europäische und amerikanische Intellektuelle, die Nationalsozialismus, Faschismus und Stalinismus zumeist am eigenen Leibe erfahren hatten, versammelten sich nun also erstmals 1950 in West-Berlin. Ein antitotalitärer Konsens einte sie, der die Diskussionen beim Kongress und die weitere Arbeit des Netzwerkes bestimmte. Der Sozialdemokrat Carlo Schmid war dabei, Richard Löwenthal, der Historiker Golo Mann, Eugen Kogon, François Bondy, Margarete Buber-Neumann oder der französische Schriftsteller David Rousset. Auch die europäischen Föderalisten, die sich teils schon vor Kriegsende getroffen hatten und nicht zuletzt den Europarat initiierten, waren maßgeblich an der Kongressarbeit beteiligt: u. a. der Italiener Altiero Spinelli und der Franzose Denis de Rougemont. Eine besondere Rolle kam auch hier dem großen Denker des liberalen Antitotalitarismus, Raymond Aron, zu. Als „Steuermann des Kongresses" bezeichnete ihn François Bondy. Zur Gründungskonferenz waren zahlreiche Emigranten aus Ostmitteleuropa gekommen: u. a. Jerzy Giedroyc, der Begründer der traditionsreichen polnischen, seit 1947 in Paris erscheinenden Exilzeitschrift *Kultura*. Im Ehrenpräsidium saßen die Philosophen Benedetto Croce, John Dewey, Karl Jaspers, Jacques Maritain und Bertrand Russell. Neben der leidenschaftlichen Verurteilung totalitärer Politik zählten die Debatten über die zukünftige Rolle Europas zu den Höhepunkten der Berliner Konferenz. Die Suche nach dem Standort Europas zwischen den beiden Großmächten war nicht nur wegweisend für die weitere Arbeit des Kongresses, sondern außerordentlich vorausschauend. Zur Abschlusskundgebung versammelten sich im Sommergarten am Berliner Funkturm rund 15 000 Besucher. Alle Reden mündeten in ein großes Plädoyer für ein freies und vereinigtes Europa. Pathetisch schloss Koestler mit den Worten: „Freunde, die Freiheit hat die Offensive ergriffen."

Während der 1950er-, 1960er- und 1970er-Jahre entstand in Fortsetzung der Berliner Gründungskonferenz ein einzigartiges Netzwerk europäischer und amerikanischer Intellektueller, dessen Arbeit bis heute nahezu im Verborgenen geblieben ist. Beteiligt daran waren u. a. Hannah Arendt, Albert Camus, Alexander Weißberg-Cybulski, George Orwell, Manès Sperber, Czesław Miłosz, Leszek Kołakowski, François Fejtő und Daniel Bell. Neben der Planung von Konferenzen wurde – in Anknüpfung an den *Monat* – die Herausgabe weiterer Zeitschriften vorbereitet. François Bondy gründete im Oktober 1951 das französische Pendant, die Zeitschrift *Preuves*.

Das internationale Exekutiv-Komitee des Kongresses hatte sein Sekretariat in Paris. Bezeichnend für die durchaus symbolträchtige Arbeit des Komitees war der Empfang, den es Czesław Miłosz bei seiner Ankunft in Paris im Frühling 1951 bereitete. Nach seinem Bruch mit der kommunistischen Regierung in Warschau, für die er bis 1950 als Kulturattaché gearbeitet hatte, ging er 1951 ins Exil nach Paris. Denis de Rougemont und Ignazio Silone hießen ihn persönlich willkommen und das Komitee organisierte eine internationale Pressekonferenz mit dem ‚abtrünnigen‘ Miłosz. Zwei Jahre später erschien sein großartiges Werk *Verführtes Denken* – in der deutschen Ausgabe mit einem Vorwort von Karl Jaspers. Darin setzt er sich mit der für Intellektuelle ungeheuren Faszination des siegreichen Kommunismus auseinander. Seine Analyse zählt neben Arons *Opium für Intellektuelle* zu den eindrücklichsten Arbeiten über die totalitären Versuchungen, denen Intellektuelle ausgesetzt oder erlegen waren. Nach dem Zeitalter der Herrschaft nationalsozialistischer, faschistischer, kommunistischer und antikommunistischer Dogmen suchten die im Kongress versammelten Intellektuellen nach Ressourcen freiheitlicher Denktraditionen, an die sie nach dem Zweiten Weltkrieg und seinen Katastrophen anknüpfen konnten.

Im April 1966 schließlich kam der große Skandal, der langfristig zum Ende des Kongresses für kulturelle Freiheit in den 1970er-Jahren führen sollte: Die Gelder für den Kongress waren nicht, wie angenommen, vonseiten der amerikanischen Gewerkschaften, sondern von der Ford Foundation und der CIA gekommen. Zwar hat selten ein Auslandsgeheimdienst so innovativ und Erkenntnis stiftend investiert, doch der Skandal sorgte im Zuge der Studentenbewegung und der Proteste gegen den Vietnam-Krieg für die sukzessive Aufkündigung des antitotalitären Konsenses bei den Intellektuellen. Sie positionierten sich neu, und der Gewinner war ein linker Antifaschismus, der den amerikanischen Imperialismus geißelte und die Herrschaft des Kommunismus verharmloste.

Jene Debatten, die der Kongress für kulturelle Freiheit angestoßen hatte, hatten immer wieder auch um das Selbstverständnis der Intellektuellen gekreist: Sind sie einem besonderen Tugendkatalog verpflichtet oder wäre dies eine moralische Aufladung und Überdehnung ihrer Rolle und ihres Handelns? Es wurde heftig über die Verantwortung der Intellektuellen, über Selbstkritik und neue Wege der Selbstreflexion gestritten. Und dieser Streit reicht bis heute.

„Einzelkämpfer um Wahrheit"

Auch die große ungarische Philosophin Agnes Heller, die 2019 mit 90 Jahren verstarb, war in die Debatten über die Rolle von Intellektuellen immer wieder involviert. Sie war nur knapp der nationalsozialistischen Judenvernichtung entgangen, hatte sich als junge Frau den Kommunisten angeschlossen, wurde jedoch kurze Zeit später aus der KP ausgeschlossen. Ihre Beteiligung an der Ungarischen Revolution 1956 und der spätere Protest gegen den Einmarsch der Warschauer Truppen in Prag 1968 bescherten ihr Berufsverbote. Fortan durfte sie weder reisen noch publizieren. Schließlich emigrierte sie 1977 und lehrte später an der New School in New York. Von mir zur Rolle der Intellektuellen befragt, antwortete sie Ende der 1990er-Jahre: „Die Verantwortlichkeit der Intellektuellen besteht darin, zu wissen, es gibt keine einheitliche, absolute Lösung. Man kann nie sagen, jetzt sind wir angekommen, jetzt können wir unser Geschäft beenden. Wir werden nämlich nie ankommen. Alle Schritte, die man mit der liberalen Demokratie tut, sind gute Schritte." Aber, fügte sie an, in allen Schritten liege auch eine Gefahr, denn die Moderne sei labil. Sich dieser Labilität bewusst zu sein, immer wieder die problematischen Punkte zu kritisieren, immer wieder zu entdecken, was neue Gefahren birgt, das seien die wirklichen Aufgaben der Intellektuellen – und „nicht, das zu sagen, was die größte Gefahr vor fünfzig Jahren war."

Ralf Dahrendorf verkörperte bis zu seinem Tod 2009 diesen Typus des Intellektuellen ganz fabelhaft. Seine Arbeit als Wissenschaftler, öffentlich streitender Intellektueller und zeitweise Politiker kreiste zeit seines Lebens um die Verfassung der Freiheit – aus der Perspektive des Soziologen, des deutschen und britischen Staatsbürgers und des Weltbürgers. In seinem letzten Buch *Versuchungen der Unfreiheit. Die Intellektuellen in Zeiten der Prüfung* entwickelte Dahrendorf eine Art Katalog der intellektuellen Tugenden. Er wählte dafür Biografien öffentlicher Intellektueller aus, die zwischen 1900 und 1910 geboren und von ähnlichen Erfahrungen geprägt wurden. Mit ihnen, u. a. Raymond Aron, Karl Popper, Isaiah Berlin und Hannah Arendt, durchstreift er das letzte Jahrhundert und ergründet, warum gerade sie sich nicht vom rechten oder linken Totalitarismus haben verführen lassen, trotz mannigfaltiger Heimsuchungen. Dabei entwickelt er eine Tugendlehre der

Freiheit, „allgemeine Werte plus individuelle Mühe". Mut, Sinn für Gerechtigkeit, Besonnenheit und Weisheit, verbunden mit ihrer geistigen Stärke und inneren Kraft befähigten sie, den totalitären Verführungen zu widerstehen. Sie hatten den „Mut des Einzelkämpfers um Wahrheit" und vertraten ihre Meinung in fremder, oft feindseliger Umgebung, dem Zeitgeist entgegengesetzt, einsam und unabhängig, ohne den Rückhalt einer Gemeinschaft oder Partei. In ihrer Suche nach Wahrheit war ihnen ständig bewusst, dass sie *die* Wahrheit nicht finden würden, und so revidierten sie, wenn nötig, ihre vormals eingenommene Position. Als „engagierte Beobachter", ausgestattet mit der „Weisheit der leidenschaftlichen Vernunft", begleiteten sie die politischen Tumulte und Katastrophen des letzten Jahrhunderts, analysierten ihre Zeit und bezogen Stellung.

Dahrendorfs Protagonisten waren fast alle am Netzwerk des Kongresses für kulturelle Freiheit beteiligt gewesen. Doch organisiertes Eingreifen der Intellektuellen, wie es im Rahmen des Kongresses immer wieder stattgefunden hatte und wie es sich Jahrzehnte später noch Pierre Bourdieu wünschte, war Dahrendorf fremd. Er war als öffentlicher Intellektueller ein „Grenzgänger zwischen Sozialwissenschaften und Politik, zwischen Analyse und Aktion", ein „straddler", wie er sich selbst beschrieb, der keine Gebrauchsanweisungen gebe, aber die menschlichen Dinge mit immer neuen Versuchen – und Irrtümern – voranbringen wollte, um die Lebenschancen für alle zu vergrößern.

Mitte der 1950er-Jahre war er kurz Wissenschaftlicher Assistent bei den aus dem amerikanischen Exil zurückgekehrten Theodor W. Adorno und Max Horkheimer am Frankfurter Institut für Sozialforschung, den Leitfiguren der sogenannten Kritischen Theorie. Doch behagte Dahrendorf das dortige Betriebsklima nicht, wollte er doch seinen eigenen Weg gehen. Obwohl er als Student noch begeistert gewesen war von Adornos und Horkheimers berühmter Schrift *Dialektik der Auf-*

klärung, die noch weitere Studentengenerationen stark prägen sollte, ging Dahrendorf auf Distanz zu den Kritischen Theoretikern. Er wurde später – besonders mit seinen Schriften *Gesellschaft und Freiheit* 1962 und *Gesellschaft und Demokratie in Deutschland* 1968 – zum liberalen Gegenspieler von Jürgen Habermas, der das theoretische Erbe Adornos und Horkheimers angetreten hatte und sich als Sachverwalter und Fortentwickler der Kritischen Theorie und eines weiterentwickelten Marxismus verstand. Und dabei war der heute 90-jährige Habermas durchaus einflussreich, was seine Position auf dem zweiten Platz der *Cicero*-Liste 2019 belegt.

Öffentlichkeit und Meinung

Wandel des Debattenraums

Bevor Jürgen Habermas' Ideen von der „kommunikativen Vernunft" und vom „herrschaftsfreien Diskurs" zum Diktum der späten Frankfurter Schule und der Kritischen Theorie, aber auch vieler Intellektueller im ganzen Land wurde, hatte der Sozialphilosoph 1962 eine kluge Habilitationsschrift über den *Strukturwandel der Öffentlichkeit* vorgelegt. Habermas beobachtete schon damals: Während sich die Sphäre bürgerlicher Öffentlichkeit immer großartiger erweitere, werde sie zugleich immer kraftloser. Trotzdem sei aber Öffentlichkeit nach wie vor ein Organisationsprinzip unserer politischen Ordnung.

Habermas rekonstruiert in seiner Schrift die Entstehung des liberalen Modells bürgerlicher Öffentlichkeit. Die Kunst des politischen Räsonnements lernte die bürgerliche Avantgarde des gebildeten Mittelstands in literarischen Salons, wo zunehmend auch politische Debatten geführt wurden. Zeitungen und Zeitschriften entstanden aus diesen Zirkeln heraus und suchten ihr Publikum auch jenseits der Salons. Somit entstand aus der literarischen Zug um Zug die politische Öffentlichkeit, und mit der Entfaltung und Etablierung der öffentlichen Meinung erwuchs eine Mittlerinstanz zwischen Staat und Gesellschaft. Es war die Stunde der Kaffeehäuser in den Städten, die Anfang des 18. Jahrhunderts zu gewichtigen Orten des Disputs wurden. Neue Konzerthäuser und Theater, welche die höfischen Stätten der Kunstdarbietung ablösten, schufen sukzessive ein großes Publikum und erweiterten damit stetig die bürgerliche Öffentlichkeit.

Immanuel Kants berühmter Aufruf zur Selbstbefreiung der Bürger aus politischer, geistiger und religiöser Vormundschaft ist programmatisch für diese Entwicklung in den westlichen Gesellschaften des 17. bis 18. Jahrhunderts. Der Königsberger Philosoph beschreibt 1783 in seiner „Beantwortung der Frage, was ist Aufklärung?" einen Emanzipationsprozess, der seinen Höhepunkt in der Verabschiedung der ersten demokratischen Verfassungen der Neuzeit und der Niederschrift unveräußerlicher Menschenrechte hatte: die *Declaration of Independence* der 13 US-amerikanischen Gründungskolonien im Jahr 1776. Es folgten Frankreich und Polen im Jahr 1791. Bei uns dauerte es noch etwas, bis schließlich die erste demokratische *Frankfurter Reichsverfassung* Ende März 1849 von der Nationalversammlung in der Paulskirche beschlossen wurde.

Aufklärung braucht Öffentlichkeit und Meinungsfreiheit. Deshalb betont auch Kant in seinem berühmten Text: „Es ist für jeden einzelnen Menschen schwer, sich aus der ihm beinahe zur Natur gewordenen Unmündigkeit herauszuarbeiten … Dass aber ein Publikum sich selbst aufkläre, ist eher möglich; ja es ist, wenn man ihm nur Freiheit lässt, beinahe unausbleiblich." Und die Freiheit zu sprechen oder zu schreiben, unterstreicht er an anderer Stelle, könne zwar gewaltsam genommen werden, nicht aber die Freiheit zu denken. Allerdings hänge die Richtigkeit unserer Gedanken von der Konfrontation und vom Austausch mit anderen ab.

Mit Kant zeigt Jürgen Habermas, wie sich das räsonierende Publikum der Menschen zum Publikum der Bürger konstituiert, das sich über die Angelegenheiten des Gemeinwesens verständigt: „Diese politisch fungierende Öffentlichkeit wird unter der ‚republikanischen Verfassung' zum Organisationsprinzip des liberalen Rechtsstaats." Er rekonstruiert in seinem Buch den Strukturwandel der Öffentlichkeit bis ins 20. Jahrhundert. Erst mit der Etablierung des bürgerlichen Rechtsstaats und der Legalisierung einer politisch fungierenden

Öffentlichkeit wurde die räsonierende Presse allmählich vom Gesinnungsdruck entlastet. Sie konnte damit ihre vormals polemische Stellung räumen und ihre finanziellen Chancen in einem aufstrebenden kommerziellen Betrieb wahrnehmen. Doch damit veränderte sich die Presse immens, die zuvor vor allem eine Institution von privaten Publikumsteilnehmern gewesen war. Mit der immer engeren Kopplung und dem Wechselspiel zwischen redaktionellem Teil und Anzeigengeschäft wurde die Presse jedoch, so kritisiert Habermas, „zum Einfallstor privilegierter Privatinteressen in die Öffentlichkeit." (Habermas 1968)

Der sich schnell entwickelnde Buchmarkt und unzählige Zeitungen mit Massenauflage lösten *à la longue* das vormals kulturell räsonierende, bürgerliche Lesepublikum ab. An dessen Stelle etablierte sich ein „Massenpublikum der Kulturkonsumenten". Ganz in der Tradition marxistischer Kritik analysiert Habermas schließlich das Buch als Ware und die darum entstehenden kulturindustriellen Mechanismen: Die ehemals getrennten Bereiche von Publizistik, Literatur, Information, Räsonnement und Belletristik verschlingen sich fortan auf unterschiedlichen Realitätsebenen.

Öffentlichkeit im digitalen Zeitalter

Neue Medien

Unserer Tage unterliegt die Öffentlichkeit erneut einem radikalen Strukturwandel, der die Voraussetzungen öffentlicher Kontroversen selbst berührt. Insbesondere das Fernsehen und die damit verbundenen Logiken der Selbstinszenierung haben die intellektuelle Öffentlichkeit ganz wesentlich verändert. Ein neuer Typus des Medienintellektuellen hat sich etabliert und den klassischen Intellektuellen vertrieben. Noch viel mehr Raum zur Selbstinszenierung bieten inzwischen das Internet und die sogenannten sozialen Medien. Gleichzeitig sind damit ganz neue Debattenräume und Öffentlichkeiten entstanden, haben sich Diskurse internationalisiert und stellt sich die Frage, wo sich derzeit Intellektualität eigentlich artikuliert.

Gute und schlechte Nachrichten verbreiten sich heute in Windeseile im Netz und mittels des Like-Buttons bilden sich sogleich Schwärme von Followern und Friends, bis diese weiterziehen zur nächsten Aufregung, zur nächsten Neuigkeit. Alle sind auf diese Weise schneller und umfassender darüber informiert, was los ist in der Welt, doch ausführliche Analyse und Deutung geraten aufgrund des Aktualitätsdrucks entweder ins Hintertreffen oder finden in Chatrooms oder Blogs mit geringer Reichweite statt. Eine allgemeine Öffentlichkeit als Bezugsgröße für statthabende gesellschaftliche Diskurse waren früher die Leitmedien in Print, Funk und Fernsehen, die zuweilen Debatten erst initiierten wie z. B. den Historikerstreit Mitte der 1980er-Jahre. Mit dem Internet hat sich die Medienlandschaft diversifiziert und fragmentiert. Trotz ihrer Wirkmacht als Orte der Kritik, Interessensbekundung und Mobilisierungskraft – im guten wie im schlechten Sinne – bilden und bedienen die sozialen Medien nur Teilöffentlichkeiten und sind keine Plattformen einer allgemeinen Öffentlichkeit. Blogs, ihre Fans und Follower schaffen immer weitere, sich selbst bestätigende Milieus im Netz, die sich kollektiv abschotten, uniformer werden und politischer Lagerbildung Vorschub leisten. Paradoxerweise sorgen daher die Gruppenbildung oder – zugespitzt – die Kollektivierungsprozesse im Netz dafür, dass die politische Vielfalt der Meinungen und Positionen schrumpft. Techniken der Schwarmbildung und politische Polarisierungsprozesse sind dabei eng miteinander verschränkt.

Aus der großen Begeisterung einstiger Internet-Pioniere wie Jaron Lanier oder Sascha Lobo ist längst große Skepsis und Kritik geworden. Diese vermählt sich zuweilen mit kulturkonservativen Elementen, die in der digitalen Revolution ein die abendländische Kultur zerstörendes Teufelswerk sehen. Anführer in diesem Streit um die Folgen der Digitalisierung und die Ausweitung der Herrschaft der neuen Internet-Monopolisten war Frank Schirrmacher, Herausgeber der *Frankfurter Allgemeinen Zeitung*. Auch wenn man seine Positionen nicht teilte, waren die von ihm angestoßenen Kontroversen ein Gewinn für die Öffentlichkeit. Schnittflächen mit dieser Kulturkritik findet bis heute auch die Kritik von links, die einen Sieg des Neoliberalismus ausmachen will, der mit seinem ungezügelten Fortschrittswahnsinn, konzentriert im digital-militärischen Komplex, die Menschheit ins Verderben stürzen werde. Harald Welzer spricht apokalyptisch von einem „informationellen Totalitarismus", der längst herrsche. Die Skepsis hat selbst bedächtigere Zeitgenossen so weit getrieben, dass sie wie Hans Magnus Enzensberger dazu raten, das Smartphone zu entsorgen und gegenüber der digitalen Welt die größtmögliche Enthaltsamkeit zu üben.

Digitalisierung, Globalisierung, Vernetzung und die rasende Beschleunigung haben die gesamte Struktur der Medienbranche gravierend verwandelt und traditionelle Medien, auch den Buchhandel und Verlage, in eine tiefe Krise gestürzt. Der außerordentliche Konkurrenz- und Innovationsdruck beschleunigte zudem die Boulevardisierung, Personalisierung, Visualisierung, Emotionalisierung und Skandalisierung in den Medien. Als erfolgreich angesehen wird eine Berichterstattung über Ereignisse, ob lokal, national oder international, ob in privaten Medien oder im öffentlich-rechtlichen Rundfunk, wenn die Quote beziehungsweise die Auflage steigt und die Anzahl der Klicks sich erhöht. Alarmismus und Dauererregung verringern jedoch beständig den Raum für kühle und ruhige Analyse. Der Demokratisierungsprozess des Internets, in dem das weltweite Wissen immer breiter geteilt werden kann, hat einerseits neue Kommunikations- und Kulturtechniken und eine immense Vervielfachung der Foren politischer Meinungsbildung hervorgebracht. Der Perlentaucher als Online-Kulturmagazin zum Beispiel wählt redaktionell aus, worüber er informiert, vernetzt international und ist gewissermaßen Mittler zwischen den analogen und digitalen Medien geworden. Er verlinkt mit Print- und Hörfunkmedien, verknüpft Debatten und initiiert auch eigene. Die Salonkolumnisten verstehen sich ebenfalls als Impulsgeber für gesellschaftliche Kontroversen. Die Bandbreite des Angebots ist inzwischen immens.

Der digitale Strukturwandel der Öffentlichkeit hat zum anderen aber auch Deprofessionalisierungstendenzen in Gang gesetzt: Jeder kann und weiß alles, jeder ist Autor und bastelt sich sein Weltbild zusammen, das er sich in seiner Community permanent bestätigen lassen kann. Auch Politik und Politiker nutzen für die eigene mediale Selbstinszenierung immer gekonnter neue Medien. Sitzungen und Veranstaltungen finden nun immer häufiger zunächst unter Ausschluss der Öffentlichkeit statt, das heißt, Journalisten sind nicht zugelassen. Anschließend werden die selbst aufgezeichneten Videos entweder direkt über soziale Medien verbreitet und/oder Fernsehsendern angeboten, um über die Inhalte die Macht und Kontrolle zu behalten. Das sei moderne Kommunikation, verteidigte die CDU-Vorsitzende Annegret Kramp-Karrenbauer diese Vorgehensweise. Allerdings geht diese einher mit der schleichenden Aushöhlung der Vierten Gewalt.

Veränderungen intellektueller Berufe

In dieser großen Umwälzung der Öffentlichkeit und Neusortierung ihrer Akteure scheinen die Intellektuellen in der gesellschaftlichen und medialen Wertschätzung immer weiter zu sinken. Dem „freischwebenden Intellektuellen", wie ihn Georg Simmel Anfang des 20. Jahrhunderts dachte, ist die materielle Existenzgrundlage inzwischen weitgehend abhandengekommen. Mit den seit den 1990er-Jahren rückläufigen Auflagen großer deutscher Printmedien und der strukturellen Medien-krise im Zuge der digitalen Revolution, vergaben die Redak-tionen immer weniger Aufträge nach außen und überließen zunehmend den eigenen Redakteuren die Einlassungen in ge-sellschaftliche Debatten. Eine ähnliche Entwicklung war auch in den vergleichsweise gut ausgestatteten staatlichen Rund-funkanstalten zu beobachten. Vielen freien Autoren brachen im Zuge dieser Entwicklung dramatisch die Honorarchancen weg. Auch die Verlags- und Buchhandelskrise macht es freien Autoren, die sich jenseits des gut gehenden Marktsegments der Krimi- und Ratgeberliteratur bewegen, in den letzten Jah-ren immer schwieriger, ihren Lebensunterhalt zu finanzieren. Darüber hinaus müssen sie sich den Auftragsmarkt mit den zuhauf freigesetzten Journalisten teilen.

Intellektuell profilieren könnten sich daher vor allem ins-titutionell abgesicherte Akademiker. Doch in den 1960er- bis 1980er-Jahren hatten Universitätsprofessoren offensichtlich mehr Lust auf Interventionen in gesellschaftliche Debatten und positionierten sich weitaus stärker als öffentliche Intellek-tuelle. An den friedlichen Revolutionen in Ostmitteleuropa, dem Fall des Eisernen Vorhangs und der deutschen Wieder-vereinigung entzündeten sich noch lebendige akademische Debatten. Etwa Francis Fukuymas' Werk *Ende der Geschichte* von 1989, in dem er den Sieg der Freiheit und Demokratie als eine endgültige Angelegenheit betrachtete, führte noch zu Kontroversen, die nur allmählich verebbten. Inzwischen ist es an den Universitäten ruhiger, ist ihre Ausstrahlung nach außen und in die Gesellschaft hinein blasser. Für eine erfolg-reiche Hochschulkarriere scheint es wegen der aufwendigen Berufungsverfahren günstiger, sich eher bedeckt zu halten mit öffentlichen Äußerungen jenseits des engen Fachgebiets. Und nach der Berufung sind Professoren derart eingebunden im akademischen Alltagsbetrieb, das kaum noch Zeit bleibt für öffentliche Interventionen. Oder fehlt auch der Mut dazu? Der

1999 eingeleitete Bologna-Reformprozess hat sicher seinen Anteil daran: Die in Bologna verabschiedete Erklärung war der Beginn einer transnationalen Hochschulreform, die europaweit Studiengänge und -abschlüsse harmonisieren wollte, um eine einheitliche Hochschullandschaft zu schaffen und die internationale Mobilität der Studierenden zu fördern. Kritiker sahen in der Folge die fahrlässige Preisgabe der Humboldt'schen Bildungsprinzipien mit gravierend negativen Auswirkungen auf den gesamten Hochschulbetrieb und Lehre und Forschung. Die Verschulung der Studiengänge hatte immer weniger mit Erziehungsidealen wie der Herausbildung der Persönlichkeit, ein profundes Allgemeinwissen und die Herausbildung der Urteilsfähigkeit zu tun. Auch die akademische Freiheit blieb davon nicht unberührt. Die Zeit für Lehre und Forschung reduzierte sich erheblich zugunsten der Beschaffung von Drittmitteln und von Evaluierungen, und für intellektuelle Aktivitäten jenseits des akademischen Betriebs blieb immer weniger Raum.

Trotz der geschilderten Veränderungen intellektueller Berufe ist die Figur des Intellektuellen auch in Zeiten einer digitalen Öffentlichkeit noch nicht abgeschafft. Der amerikanische Soziologe Richard Sennett, der über Jahrzehnte die Rolle des öffentlichen Intellektuellen formidabel ausfüllte, hat auf einer Konferenz über die Digitale Revolution und ihre Folgen 2019 eine sehr originelle Einlassung geliefert. Nicht der erwartete Redebeitrag war von ihm zu hören, sondern die Einspielung einer Cello-Sonate von Johann Sebastian Bach. In seinen weiteren Ausführungen über die Sinnlichkeit im Erkenntnisprozess betonte er, an die menschliche Erfahrung und Analyse der Gesellschaft reiche die künstliche Intelligenz nicht heran. Anschließend begann er zu summen. War das nun altersbedingte Resignation verbunden mit Kontemplation oder eine vornehme Protestnote, welche die sinnliche Erfahrung als

Grundlage und Anstoß für intellektuelle Innovation öffentlich gegen die Zeitläufte behaupten will?

In Deutschland wird indes weiter gestritten, auch noch von „Großköpfen", die sich auf sehr unterschiedlichen Feldern öffentlich einmischen. Und zuweilen wird es auch wieder grundsätzlich – wie der anhaltende Streit über die Meinungsfreiheit zeigt. Einige sind als kritische Intellektuelle im Verständnis von Pierre Bourdieu unterwegs, andere profilieren sich als gut bezahlte Medienintellektuelle wie etwa der zum erfolgreichen geistigen Unternehmer gewordene Richard David Precht. Zu suchen wären die „demokratischen Intellektuellen", wie sie Olivier Mongin definierte, die sich jenseits der Polarisierungen zu Wort meldeten. Und gibt es bei uns noch jene Intellektuellen als „engagierte Beobachter" in antitotalitärer Tradition, die Ralf Dahrendorf bewunderte?

Streit um die Meinungsfreiheit

Meinungsfreiheit unter Druck

Im Zuge der demokratischen Revolutionen im Europa des 18. und 19. Jahrhunderts wurden nicht nur der Rechtsstaat und die repräsentative Demokratie erkämpft. Das Aufbegehren der Bürger gegen Kirche und Obrigkeit und gegen die obwaltende Zensur war immer verbunden mit dem Kampf für die Freiheit der Meinung und des Wortes. Sie war der Motor für diesen Freiheitskampf und ist bis heute Essenz der Demokratie und konstitutives Element unserer liberalen Gesellschaft. Die Meinungsfreiheit ist in Deutschland verfassungsrechtlich im Art. 5, Absatz 1 des 1949 verabschiedeten Grundgesetzes geschützt. Der erfolgreiche Sieg der Demokratie über die Diktaturen in Deutschland und Europa im letzten Jahrhundert, die Wiedervereinigung des europäischen Kontinents und die lange Zeit kontinuierliche Wohlstandsmehrung schufen den

Eindruck, unsere freiheitlichen Errungenschaften und Standards seien unverwundbar und unumkehrbar. Doch seit einigen Jahren geraten sie von außen, aber auch von innen unter starken Druck.

Der jährliche Report des international hoch angesehenen Freedom House in Washington sieht für 2018 die Demokratie global in einer großen Krise „Das Recht, Politiker in freien und fairen Wahlen zu wählen, die Pressefreiheit und die Rechtsstaatlichkeit … sind weltweit unter Beschuss und auf dem Rückzug." Für die USA beobachtet das Institut eine zunehmende Erosion der demokratischen Standards, gerade auch im Hinblick auf die Meinungs- und Pressefreiheit. Auch der jährliche Bericht und das Ranking der „Reporter ohne Grenzen" stimmt nicht optimistisch: Sie zeigen, dass von den 180 untersuchten Ländern zwei Drittel schlechte Bedingungen für die Meinungs- und Pressefreiheit aufweisen. Und ausgerechnet in Ungarn und Polen schränken nach den erfolgreichen friedlichen Revolutionen von 1989 autokratische Führer diese Freiheiten wieder ein. Deutschland ist in dieser Rangliste auf Platz 16, also vergleichsweise gut aufgestellt, den letzten Platz nimmt Nordkorea ein. Umso erstaunlicher ist es, das in einer liberalen Demokratie wie der unseren die Zweifel an der Realisierung und Wirkmächtigkeit der Meinungsfreiheit in den letzten Jahren zugenommen haben.

Seit dem Mord an dem Filmemacher Theo van Gogh in Amsterdam 2004, dem Streit über die Mohammed-Karikaturen in der dänischen Zeitschrift *Jyllands-Posten* 2006 und dem islamistischen Terroranschlag auf die Pariser Redaktion von *Charlie Hebdo* 2015, bei dem zwölf Menschen, darunter fünf prominente Karikaturisten aus dem Redaktionsteam der Zeitschrift, einschließlich des Herausgebers umgebracht wurden, ist weltweit ein großer Streit über die Meinungsfreiheit und ihre Grenzen entbrannt. Auch in Deutschland entzündet er sich immer wieder neu an sehr unterschiedlichen Gegenständen, nicht nur wegen der vermeintlichen Verletzung religiöser Gefühle. Wie viel Meinungsfreiheit ist der Demokratie zuträglich und wie viel davon erlaubt sie sich heute?

Gestritten wurde um die Grenzen und deren vermeintliche Überschreitung auch schon zu Zeiten, als die Durchsetzung und demokratische Verfasstheit der Meinungsfreiheit noch recht jung war. Der englische, debattenfreudige Philosoph John Stuart Mill – wahrlich ein *public intellectual* – hat in seiner Schrift *On Liberty* 1859 nicht nur die Prinzipien der Meinungsfreiheit stark gemacht. Er grübelt darin auch schon über die damit verbundenen Schwierigkeiten: „Es ist schon sonderbar, dass Leute die Gültigkeit der Gründe der Meinungsfreiheit anerkennen, sich aber dagegen verwahren, dass man ihre Anwendung ‚aufs Äußerste treibe‘, ohne zu erkennen, dass, wenn diese Gründe nicht für äußerste Fälle taugen, sie überhaupt nicht taugen."

Und es schien sich gerade nach den Erfahrungen der Diktaturen im letzten Jahrhundert die Erkenntnis durchgesetzt zu haben, dass die Meinungsfreiheit und die Pluralität unterschiedlicher Standpunkte, die sich reiben, zentrale Säulen unserer offenen, freiheitlichen Gesellschaften sind. Auch wenn dies zuweilen mit harten, schwer verdaulichen Zumutungen und Anfechtungen einhergeht. Darf tatsächlich jeder lauthals seine Meinung sagen, auch wenn sie abstrus und blöd, geschmacklos oder beleidigend ist?

Der seit 2011 erhobene Freiheitsindex Deutschland des John Stuart Mill Instituts hat gezeigt, dass die Kluft zwischen veröffentlichter Meinung in den führenden Printmedien und der Meinung der Bevölkerung immer größer geworden ist. Zum Höhepunkt der Flüchtlingskrise war der Anteil derjenigen Bürger, die sagten, man könne seine politische Meinung frei äußern, auf dem niedrigsten Stand seit 1990. (Vgl. Ackermann 2016) Die Rede von der Alternativlosigkeit politischer Wege und der Versuch der Großen Koalition, innerhalb ihrer

Parteien, aber auch in der Gesellschaft die Diskussion zum Beispiel über die Euro-Rettung oder über Migration und Integration möglichst klein zu halten, hatte die Kluft zwischen Bevölkerung, Leitmedien und politischer Klasse vergrößert und die Vertrauenskrise weiter befördert. Die AfD profilierte sich als Alternative zur politischen Klasse und der unterstellten einheitlichen Dominanz des sogenannten Mainstreams und war mit ihren Wahlerfolgen hauptsächliche Profiteurin der verhinderten Diskussionen und Tabuisierungen. Obwohl doch, wie jeder Politprofi wissen müsste, die politische Willensbildung und Problemlösung gerade im Austausch unterschiedlicher Argumente und Sichtweisen und auch in der Kontroverse gründet.

Tabus und Schweigespiralen

Auch noch 2019 sind zwei Drittel der Bevölkerung laut einer Untersuchung des Instituts für Demoskopie in Allenbach der Überzeugung, man müsse in der Öffentlichkeit „heute sehr aufpassen, zu welchen Themen man sich wie äußert". Geht es um Klimaschutz, Gleichberechtigung, Arbeitslosigkeit oder Kindererziehung, sei dies kein Problem. Anders verhalte es sich bei heiklen Themen, die als Tabuzonen angesehen werden. 71 Prozent der Bürger sagen, man könne sich zur Flüchtlingsthematik nur mit Vorsicht äußern. Für die Diskussion über die Rolle und den Umgang mit dem Islam sieht das die Bevölkerung ähnlich. 41 Prozent glauben, die Political Correctness werde übertrieben und 35 Prozent sind überzeugt, freie Meinungsäußerungen seien nur im privaten Kreis möglich. Auch die permanente Einführung und Durchsetzung neuer Begriffe geht den Bürgern in großer Mehrheit zu weit. Zwei Drittel halten es für übertrieben, wenn sie den Begriff „Ausländer" nun ersetzen sollen durch „Menschen mit Migrationshintergrund". Die jährliche Shell-Studie über die Orientierungen der 12- bis 27-Jährigen weist 2019 in eine ähnliche Richtung. 68 Prozent der Befragten sind der Überzeugung: „In Deutschland darf man nichts Schlechtes über Ausländer sagen, ohne gleich als Rassist beschimpft zu werden."

Auch die Genderisierung der Sprache hält eine Mehrheit quer durch alle Bildungsschichten und Generationen für übertrieben. Auf großes Unverständnis stößt ebenso die nachträgliche Umschreibung und Korrektur von historischen Texten – etwa das Ansinnen, den „Negerkönig" aus Astrid Lindgrens *Pippi Langstrumpf* in „Südseekönig" umzubenennen. 75 Prozent halten dies für Unsinn und plädieren für die Beibehaltung der Originalversion. Und das Verständnis für diese Weisen der Sprachregulierungen und Aktivitäten einer Art Diskurspolizei sinkt seit den letzten Jahren bei der Mehrheit der Bürger immer weiter. 57 Prozent „geht es auf die Nerven, das einem immer mehr vorgeschrieben wird, was man sagen darf und wie man sich zu verhalten hat".

Die Sozialwissenschaftlerin Elisabeth Noelle-Neumann hatte 1980 mit ihrem später in elf Sprachen übersetzten Buch über die sogenannte *Schweigespirale* bereits diesen wunden Punkt der Meinungsbildung im öffentlichen Raum untersucht. Kurz zusammengefasst geht sie von folgenden Prämissen aus: Da die meisten Menschen soziale Isolation fürchteten, seien sie geneigt, ständig das Verhalten anderer im Auge zu behalten, um besser einschätzen zu können, welche Verhaltensweisen oder Meinungen in der Öffentlichkeit abgelehnt werden oder auf Zustimmung stoßen. Um nicht in soziale Isolation zu geraten, neigten sie dazu, schon bevor es zur Konfrontation oder Ablehnung gekommen ist, ihre eigene Meinung zu verschweigen, weil sie Missfallen auslösen könnte. Jene, die von vornherein öffentliche Unterstützung unterstellen oder schon spüren, äußerten ihre Meinung hingegen vernehmbar und deutlich. Deshalb spricht Noelle-Neumann von einer „Schweigespirale", die sich in Gang setze, wenn einerseits lautstarke Meinungsäußerungen auf das Schweigen der anderen Seite treffen. Das passiert in der Regel bei kontroversen, emotional aufgeladenen Themen und zwar unabhängig von der realen Stärke der Meinungslager. Eine Minderheitsmeinung kann in der Öffentlichkeit als Mehrheit erscheinen, wenn etwa ihre Anhänger sie mit großem öffentlichen Nachdruck und selbstbewusst vertreten. Und natürlich haben die Massenmedien einen maßgeblichen Einfluss auf diese Prozesse der öffentlichen Meinung. Wenn die Leitmedien oft, „kumulativ", und übereinstimmend, „konsonant", eines der Meinungslager unterstützen, sind dessen Chancen natürlich größer, der Schweigespirale zu entkommen. In analogen Zeiten, in denen die Öffentlichkeit noch recht übersichtlich strukturiert war, hatte die sogenannte öffentliche Meinung die Gesellschaft noch eher stabilisieren und integrieren können. Konflikte wurden durch Schweigespiralen zugunsten jeweils einer Auffassung beigelegt, wodurch der öffentlichen Meinung eine nicht unerhebliche Integrationsfunktion zukam. Mit der heillosen Zersplitterung dieser Öffentlichkeit im Internet hat sie diese Integrationsfunktion erheblich eingebüßt, obwohl auch weiterhin Schweigespiralen entstehen. Die Mobilisierungskraft der sozialen Netzwerke zeigt uns inzwischen, in welch atemberaubender Geschwindigkeit Minderheitsmeinungen die Tagespolitik maßgeblich beeinflussen können. Die *Gilets jaunes* in Frankreich führten vor, wie ein aufbruchswilliger junger, aber auch machtverliebter Präsident vonseiten einer sehr heterogenen, politisch bunt gemischten Truppe, geeint durch Unzufriedenheit und inzwischen hoch militant, unter massiven politischen Druck geraten konnte. Ein anderes Beispiel sehr erfolgreicher Mobilisierung ist die im Oktober 2017 losgetretene #MeToo-Debatte. In der *New York Times* war zuvor ein Artikel erschienen, der dem Filmproduzenten Harvey Weinstein sexuelle Belästigung zur Last legte. Einige Tage später meldete sich die bekannte US-amerikanische Schauspielerin Alyssa Milano mit dem Hashtag #MeToo und forderte darin andere Frauen auf, ihrem Beispiel zu folgen und in sozialen Medien eigene Erfahrungen mit sexuellen Übergriffen, Missbrauch und Diskriminierung zu teilen. Alyssa Milano knüpfte damit an die Aktivistin Tarana Burke an, die das Hashtag bereits 2006 benutzt hatte, um auf sexuellen Missbrauch an afroamerikanischen Frauen aufmerksam zu machen. Endlich ist damit eine internationale Debatte über Missbrauch, sexuelle Belästigung, Vergewaltigung und Sexismus am Arbeitsplatz, besonders in der Unterhaltungsindustrie und im Kunst- und Kulturbetrieb angestoßen worden. In dieser grundsätzlichen Auseinandersetzung über den aktuellen Stand der Gleichberechtigung zwischen Mann und Frau ging es jedoch auch um die Grenzüberschreitungen dieser Aufklärungskampagne und die Zulässigkeit, möglicherweise strafbare Handlungen mit den Erfahrungen von alltäglichem Sexismus ungebührlich zu vermischen. Dankenswerterweise erhoben französische Schauspielerinnen und Schriftstellerinnen Einspruch, angeführt von Catherine Deneuve. Sie kritisierten die Kampagne, und weitere namhafte Frauen schlossen sich an und warnten vor einem neuen Puritanismus, der den Umgang der Geschlechter gleichschalten und die Erotik zwischen ihnen tilgen wolle. Sie traten auch der Vorstellung entgegen, Frauen seien immer und allseits Opfer patriarchalischer, struktureller Gewaltverhältnisse. Seitdem wird darüber gestritten, ob es zulässig ist, unabhängig von juristischer Verfolgung vermeintliche Täter in dieser modernen Form an den Pranger zu stellen.

Shitstorms und Hochschulpolitik

Shitstorms und das massenhafte Anprangern einzelner Personen aus der Anonymität des Netzes heraus ist immer beliebter geworden. Diese Verrohung der Kommunikation – von Diskurs mag man gar nicht mehr reden –, durchdrungen von

Falschmeldungen und Hasstiraden ist ein Massenphänomen geworden. Es verstärkt sich in Informationsblasen und Echoräumen und ist auf allen gesellschaftlichen Feldern zu beobachten. Dieses Ungemach kommt dabei keineswegs, wie oft vorgebracht, nur von rechtspopulistischen Aktivisten, die Diskurse mit ihren Einlassungen vergifteten und die Grenzen der Meinungsfreiheit sprengten. Auch an deutschen Hochschulen geht es inzwischen derb bis militant zu. Als hätten sich heutige Studierende Walter Benjamins Spruch von 1928 aus der berühmten *Einbahnstraße* zu eigen gemacht: „In diesen Tagen darf sich niemand auf das versteifen, was er ‚kann‘. In der Improvisation liegt die Stärke. Alle entscheidenden Schläge werden mit der linken Hand geführt."

Äußerst erfolgreich zettelten sie 2017 Kampagnen aus der Minderheit heraus an, zum Beispiel an der Humboldt-Universität in Berlin. Über Monate griffen Studierende den Politikwissenschaftler Herfried Münkler und den Osteuropahistoriker Jörg Baberowski massiv an. Ein Shitstorm folgte dem nächsten gegen die beiden, sich auch öffentlich positionierenden Intellektuellen. Die anonymen Angreifer beschimpften Münkler als angeblichen Militaristen und Gewaltverherrlicher, Sexismus wird ihm obendrein noch von feministischer Seite vorgeworfen. Baberowski wird des Rassismus geziehen, weil er die Flüchtlingspolitik der Bundesregierung kritisiert hat. Das Landgericht Köln verbot zwar dem Allgemeinen Studierendenausschuss (AStA) der Universität Bremen, Baberowski einen „Rassisten" und „Hetzer" zu nennen. Allerdings galt dies nicht für die Behauptung, er vertrete „rechtsradikale Positionen". Das Gericht argumentierte, diese Schmähung sei im Rahmen der Meinungsfreiheit zumutbar, unabhängig davon, ob diese Bewertung zutreffend, falsch, fair oder unangemessen sei. Auch an anderen Hochschulen spielten sich ähnlich besorgniserregende Szenen ab, in denen Professoren und ihre Integrität als Hochschullehrer angegriffen wurden.

Der britische Historiker und Publizist Timothy Garton Ash attestiert in seinem jüngsten Buch über die Redefreiheit und ihre Prinzipien im 21. Jahrhundert deutschen Journalisten, Intellektuellen und Politikern eine ausgeprägte, wenn auch historisch verständliche Hemmung, Kritik an der Zuwanderung zur Sprache zu bringen. Die Folge eines Diskurses voller Tabus sei jedoch gewesen, dass Tilo Sarrazins erstes Buch, *Deutschland schafft sich ab*, 2010 zum größten politischen Bestseller seit der Wiedervereinigung geworden sei. Es komme nicht von ungefähr, so Garton Ash, wenn sich der „Druck des öffentlich Unausgesprochenen wie in einem Dampftopf" entlade. Wir erinnern uns: Die Bundeskanzlerin hatte damals das Buch „diffamierend" und „nicht hilfreich" genannt, obwohl sie es nicht gelesen hatte, weil ihr vorab gedruckte Passagen zur Einschätzung und Beurteilung ausreichten, wie sie dem Magazin *Der Spiegel* sagte.

Darf nun ein Professor ein Seminar zum Thema Meinungsfreiheit an der Universität Siegen veranstalten, zu dem er Thilo Sarrazin als Referenten und, noch skandalöser, den promovierten Philosophen, ehemaligen Assistenten von Sloterdijk und AfD Bundestagsabgeordneten Marc Jongen einlädt? Darüber wurde im November 2018 nicht nur heftig gestritten, sondern die Mittel für die Veranstaltung wurden von der Universitätsleitung gestrichen. Der betroffene Siegener Philosophie-Professor Dieter Schönecker erläuterte in seiner Begründung, warum er trotz massiver Proteste an dem Seminar über Meinungsfreiheit festgehalten hatte. Er habe nichts mit der AfD und anderen rechten oder rechtsextremen Gruppen im Sinn, sondern stehe in der Tradition der Kant'schen Rechtsphilosophie, seine Sache sei die Freiheit. In der Veranstaltung gehe es um die Philosophie und Praxis der Meinungsfreiheit. „Dazu rechne ich auch die Redefreiheit, die Wissenschafts- und Lehrfreiheit und schließlich die Freiheit der Kunst. Über die Meinungsfreiheit – und nicht etwa über den Islam oder die Flüchtlingskrise – halten Sarrazin und Jong ihre Vorträge. Zur Grundlegung lesen wir Mills Freiheitsschrift und einen zeitgenössischen Text." Vorab würden auch die Redemanuskripte der Vortragenden gelesen, um auszuschließen, dass sie ihre Redefreiheit für andere Themen missbrauchen würden. Schönecker hatte darüber hinaus ein gutes Dutzend Personen aus dem linken Spektrum, ausdrücklich auch aus seiner eigenen Universität, eingeladen. Doch bis auf eine Ausnahme erhielt er nur Absagen, meistens mit dem ausdrücklichen Verweis auf Sarrazin und Jong. Zum Schluss fragte sich Schönecker: Selbst gesetzt den Fall, es lohne sich nicht, mit den beiden zu reden, weil sie nationalistische Rassisten seien, „könnte es nicht dennoch eine akzeptable Strategie sein, ihnen gerade deswegen öffentlich mit Argumenten zu begegnen? Wäre nicht die Universität dafür der prädestinierte Ort? Und dürfte ein Wissenschaftler nicht ebendiese Strategie verfolgen, ohne verdächtigt zu werden, Rassist zu sein?"

Auch an der Frankfurter Johann Wolfgang Goethe-Universität gab es 2017 einen handfesten Streit über die Grenzen der Meinungsfreiheit. Anlass war die Einladung des umstrittenen Vorsitzenden der Deutschen Polizeigewerkschaft, Rainer Wendt, in einer Vortragsreihe zum Thema Migration und Integration, welche die Ethnologin und Islamwissenschaftlerin Susanne Schröter initiiert hatte. Er wurde nach Protesten des AStA, der Kritik von sechzig wissenschaftlichen Mitarbeitern und Professoren und der Gewerkschaft Erziehung und Wissenschaft Hessen, die Rainer Wendt Rassismus, *Racial Profiling* und Sicherheitswahn vorwarfen, wieder ausgeladen, weil Tumulte befürchtet wurden.

Die Pressemitteilung des AStAs lautete dazu: Am 26. Oktober 2017 „sollte der Rechtspopulist, Unruhestifter und Vorsitzende des DpoIG Bundespolizeigewerkschaft Rainer Wendt einen Vortrag halten … Ein Mensch, der sein Gesicht in jede Kamera und Talkshow steckt und Racial Profiling, Sicherheitswahn und verschärfte Gesetze gegen alle und jeden fordert – aber vor allem gegen die Schwächsten in der Gesellschaft. Nach Kritik wurde die Veranstaltung nun abgesagt. Wir halten dies für absolut notwendig." Der totalitäre Duktus erinnert an die 1970er-Jahre, als Agit-Prop-Gruppen, kommunistische, maoistische, trotzkistische oder Sponti-Gruppen für Aufruhr auf dem Campus und im Lehrbetrieb sorgten.

Einige Monate nach dem Vorfall fand dann eine öffentliche Diskussionsveranstaltung an der Uni in Frankfurt am Main zum Thema „Meinungsfreiheit" statt. Auf dem Podium im überfüllten großen Hörsaal waren neben der Universitätspräsidentin studentische Vertreter und Professoren, die sich mehrheitlich für das Rederecht und die Kontroverse aussprachen. Einer der Professoren, die den Protest organisiert und die Ausladung von Wendt verlangt hatten, führte unter großem Beifall dagegen an, er sehe sich außerstande und überfordert, mit einem Rassisten zu debattieren, deshalb hätten solche Personen nichts auf dem Campus verloren. Für die Studierenden sei es eine Zumutung. Man fragt sich nun allerdings, wo sollen die jungen Leute ansonsten das Argumentieren und Debattieren mit Andersdenkenden lernen?

Im Herbst 2019 verhinderten linke Studenten an den Universitäten in Hamburg und Göttingen Vorträge des ehemaligen Innenministers Thomas de Maizière und des FDP-Vorsitzenden Christian Lindner. Sarah Wagenknecht von der Partei der Linken konnte vorher ungestört vortragen. Die Vorlesung des Ökonomieprofessors Bernd Lucke wurde in einer „antifaschistischen Aktion" von militanten Studenten verhindert.

Die Meinungsfreiheit, aber auch zunehmend die Wissenschaftsfreiheit sind an den Hochschulen in eine prekäre Situation geraten. Der antiplurale Wunsch nach Eindeutigkeit und Reinheit mündet folgerichtig in die Forderung nach geschützten Räumen, in denen das Unbekannte, Unfassbare oder „Böse" ausgeschlossen bleiben soll. Im Wunsch, die Universität als einen solchen geschützten Raum zu gestalten, spiegelt sich die Angst vor Ambivalenzen und die Unfähigkeit, mit ihnen umzugehen, die Sehnsucht nach Konfliktvermeidung und der Abschottung vor der komplizierten, nicht sonderlich friedlichen Realität wider. Doch gerade für das Gegenteil stand ursprünglich universitäre Bildung, die Raum bot für Neugierde, für intellektuelle Zumutungen, Multiperspektivität und produktiven Austausch und Wettstreit der besten Argumente.

Im Wissenschafts- aber auch im Kulturbetrieb sind Tendenzen zu beobachten, die dem freiheitlichen Anspruch der Aufklärung und der einst geschätzten Meinungs- und Redefreiheit massiv zuwiderlaufen. Bilder in öffentlichen Museen werden inzwischen abgehängt, weil sich eine gesellschaftliche Gruppe beleidigt fühlt oder beleidigt fühlen könnte. 2018 provozierte etwa die Manchester Art Gallery eine europaweite Debatte, weil sie ein Bild des englischen Malers John William Waterhouse von 1896 abhängte. Die Kuratorin Clare Gannaway war der Meinung, es sei nicht mehr hinzunehmen, wie der weibliche Körper entweder als „passives" dekoratives Element oder als „femme fatale" dargestellt werde. Das Abhängen sei eigens eine künstlerische Aktion: „Lasst uns dieser viktorianischen Phantasie entgegentreten!" Dieser Reinigungstrieb ist nicht nur Ausdruck eines neuen Puritanismus, sondern gemahnt an Zeiten, als „entartete Kunst" aus den Museen verschwand und später Bilder ab- oder nie aufgehängt wurden, weil sie in der zweiten deutschen Diktatur den Vorgaben des „Sozialistischen Realismus" nicht entsprachen. 2017 sorgte der Wunsch der Studierenden der Berliner Alice Salomon Hochschule, ein Gedicht von Eugen Gomringer von 1953 von der Gebäudefassade zu tilgen, für Furor in den Feuilletons. Die angeprangerte Lyrik spielt mit den Wörtern Alleen, Blumen und Frauen, die von einem Mann bewundert werden – Sexismus und Voyeurismus war prompt der Vorwurf. Die Hochschulleitung kam den protestierenden Studenten entgegen: In Zukunft wechseln sich gendergerechte Gedichte an der Fassade ab.

Auch jenseits der Hochschulen prägt immer mehr die Konfrontation verschiedener Gruppen, die sich aus den unterschiedlichsten Gründen beleidigt, verletzt, gekränkt oder missachtet fühlen, die gesellschaftlichen Debatten – ein fortschreitender Prozess der Viktimisierung, der längst über verletzte religiöse Gefühle hinausgeht und sich auf immer weitere Opfergruppen ausweitet. Diese diversen kollektiven Varianten des Beleidigt- und Gekränktseins provozieren immer neue Definitionen dessen, was politisch korrekt und gesellschaftlich-moralisch erlaubt ist. Der Schriftsteller und Jurist Bernhard Schlink spricht 2019 in diesem Zusammenhang von einer „Engführung des Mainstreams." (Schlink 2019)

Polarisierungen

Tumult auf der Frankfurter Buchmesse

Meinungsfreiheit war auch auf der Frankfurter Buchmesse 2017 und 2018 ein Thema, über das leidenschaftlich debattiert wurde. Zuvor hatte schon anlässlich der Bundestagswahl ein Streit darüber stattgefunden, ob man mit AfD-Vertretern überhaupt reden, sie etwa in Talkrunden des öffentlich-rechtlichen Rundfunks einladen dürfe oder sie nicht besser ausschließen solle. Der Börsenverein des Deutschen Buchhandels entschied sich 2017 klar für die Meinungsfreiheit. Unmittelbar vor der Eröffnung der Buchmesse teilte Direktor Jürgen Boos entsprechend mit: „Wir liberal-demokratisch gesinnten Büchermenschen müssen in Zeiten, in denen giftige Narrative Hochkonjunktur haben und die Verbreitung von Angst und Hass wieder gesellschaftsfähig wird, mit attraktiveren Gegenentwürfen antworten … Die Frankfurter Buchmesse bringt Menschen zusammen, die eine Vielzahl von unterschiedlichen Meinungen vertreten. Sie ist deshalb bestens dazu geeignet, leidenschaftliche Diskussionen und Auseinandersetzungen zu beherbergen." Dies hatte die Präsenz rechter Verlage wie Antaios und Veranstaltungen mit Repräsentanten der rechten Szene und AfD-Vertretern in den Messehallen zur Konsequenz. Sofort wurden Verbotsforderungen laut, begleitet von Protesten, Handgemengen und tumultartigen Störaktionen aus der linken Szene. Der Börsenverein des Deutschen Buchhandels argumentierte dagegen: „Auf der Frankfurter Buchmesse präsentieren sich in diesem Jahr auch einige rechte und rechtsextreme Verlage. Im Sinne der Meinungsfreiheit, die für uns nicht relativierbar ist, lassen wir diese Auftritte zu." Schließlich setzte sich auch in der linksliberalen Presse allmählich die Einschätzung durch, man könne einen Messestand nur dann verbieten, wenn seine Betreiber sich strafrechtlich schuldig machten. Anderenfalls wären Verbote nur Wasser auf die Mühlen der Rechten, die sich dann erst recht als Opfer stilisieren könnten. Auch im Folgejahr 2018 blieben Buchmesseleitung und Börsenverein trotz der Protestaktionen und Tumulte bei ihrer Linie. Wichtig sei der offene Diskurs und die Notwendigkeit, sich „aktiv mit der Präsenz dieser Verlage auseinanderzusetzen", so der Geschäftsführer des Börsenvereins, Alexander Skipis.

Anders ging die Kolumnistin und Autorin Margarete Stokowski nach der Buchmesse im November 2018 mit der Meinungsfreiheit um. Sie sagte eine bereits ausverkaufte Lesung in der renommierten Münchner Buchhandlung Lehmkuhl ab. Die Absage erfolgte eingangs ohne Angabe von Gründen, erst später legte der engagierte linksliberale Geschäftsführer der Buchhandlung, Michael Lemling, diese offen: „Frau Stokowski hat abgesagt, nachdem ihr zugetragen wurde, dass sich in unserer Auswahl an Büchern, die sich mit der neuen Rechten beschäftigen, auch einige rechte Primärtexte aus dem Verlag Antaios befinden. Das macht Lehmkuhl für sie zu einem Ort, an dem sie nicht auftreten möchte."

Erneut entbrannte damit der Streit darüber, ob Bücher aus rechten Verlagen ausgestellt und verkauft werden sollten oder nicht. Buchhändler Lemling positionierte sich ganz eindeutig. Wer mit der Rechten reden will, müsse lesen, was Rechte denken, erklärte er (*Die Welt*, 7.11.2018), und deshalb habe er in seiner Buchhandlung ein Regal eingerichtet, in dem Bücher der neuen Rechten zu finden sind. Die Debatte wurde derweil auf Facebook und Twitter fortgeführt und auch der Rowohlt Verlag veröffentlichte auf seiner Internetseite eine Stellungnahme seiner Autorin Stokowski: Sie verstehe den Ärger des Buchhändlers über die abgesagte Lesung, er vergreife sich dabei aber im Ton und versuche, sie zu diskreditieren. Lemling hatte zuvor bedauert, dass Margarete Stokowski es vorziehe, lieber in ihrer eigenen Echokammer zu verbleiben. In der von ihrem Verlag veröffentlichten Stellungnahme teilte sie mit, sie habe erstens ein Problem mit der Normalisierung rechten Denkens und zweitens mit finanziellen Gewinnen für diese Autoren, Autorinnen und Verlage. Sie wolle nicht mit einem Veranstalter zusammenarbeiten, der ihres Erachtens falsch mit Rechten und rechtsextremen Werken umgehe. Und das obwohl Stokowski sich allseits, begleitet von 48 000 Fans und Followern, für eine freie, offene und feministische Gesellschaft einsetzt.

Die letzte Stunde der Wahrheit

Der umtriebige Münchner Soziologe und Herausgeber der Zeitschrift *Kursbuch,* Armin Nassehi, beging hingegen nach anfänglichem Zögern bereits 2014 den vermeintlichen Tabubruch, mit Rechten zu reden beziehungsweise mit ihnen zu korrespondieren. Ein Jahr später veröffentlichte er in *Die letzte Stunde der Wahrheit. Warum rechts und links keine Alternativen mehr sind und Gesellschaft ganz anders beschrieben werden muss* seinen Briefwechsel mit Götz Kubitschek, dem berühmtberüchtigten rechtskonservativen Antaios-Verleger und Herausgeber der Zeitschrift *Sezession,* die sich selbst als rechts bezeichnet. Nassehi erklärt dazu: „Wenn es nicht gelingt, mit den Vertretern dieser Denkungsart zu sprechen, erhöht sich deren Nimbus als exkludierte aus dem Mainstream – was ja letztlich das identitätsbildende Grundgefühl jener Protestwähler und Demonstranten etwa der sogenannten Pegida-Bewegung oder auch der AfD ausmacht. Es kommt bei aller normativen Distanz darauf an, nicht in der selbstgerechten Attitüde der normativen Ablehnung auf einen Dialog zu verzichten ... Es muss intelligentere Formen der Auseinandersetzung geben als eine bloße Ablehnung oder gar Dämonisierung der Position." (Nassehi 2015)

In diesem Briefwechsel argumentieren beide Protagonisten genau und auf hohem Niveau. Kubitschek gibt sich nicht als „rechte Krawallschachtel", sondern als reflektierten Nationalkonservativen, und in einigen Punkten stimmen beide sogar überein. Nassehi argumentiert: „Wir reden links (oder wenigstens linksliberal) – aber wir leben bisweilen rechts! Das gilt in der Tat auch für Milieus, die sich dies wohl selten zugeben würden." Gerade liberale Milieus würden soziale Brennpunkte meiden und junge Familien beispielsweise darauf achten, dass ihre Kinder in schicht- und kulturadäquaten Umfeldern beschult würden. Antisemitische Klischees ließen sich, wie während des Gaza-Konflikts im Sommer 2014, sehr leicht mobilisieren, und zugleich paarten sich islamophobe Reaktionen gerade bei den Wohlsituierten problemlos mit einer „merkwürdigen Toleranz für gewaltnahe, frauenfeindliche und islamistische Tendenzen in problematischen Migrantencommunities" – allerdings nur, solange man nicht direkt betroffen sei. Latent rechts sei daran, dass eine solche falsch verstandene Toleranz und ein solches mit dem Argument der „Kultur" befeuertes Verständnis Migranten nach ihrer Gruppenzugehörigkeit und Herkunft beurteilten und man ihnen den zivilisatorischen Standard eines modernen westlichen Lebens im Grunde nicht zutraue.

Kubitschek setzte noch nach: „Wir wollen nicht ‚links reden und rechts leben', sondern ‚rechts reden und rechts leben', und in dieser Formel steckt bereits eine grundsätzliche Antwort: Wenn es vielen Bürgern unbewusst oder bewusst richtig erscheint, links zu denken und zu reden, aber rechts zu leben, dann muss das Rechte näher an der Lebenswirklichkeit liegen als das linke Gerede und Theoretisieren." Auch wenn Nassehi in vielen Punkten widerspricht, muss er doch eingestehen, dass Kubitschek durchaus den Finger in eine Wunde legt, indem er auf die Antinomie von universalistischem Denken und eher partikularistischer Lebenspraxis verweist.

Nassehi argumentiert in seiner Schrift, die alten Grenzziehungen und Gegenüberstellungen von links und rechts seien längst überholt. Unsere Gesellschaften seien inzwischen so komplex geworden, dass ein Denken in dieser althergebrachten Polarisierung zu kurz greife und sich in moralischen Appellen erschöpfe. Wir bräuchten stattdessen, so Nassehi, ein neues, vernetztes Denken, das Instabilität in Rechnung stellt und Abweichungen nicht ahndet, sondern als produktiv ansieht.

Nach der Lektüre von *Die letzte Stunde der Wahrheit* kommt der Politologe Claus Leggewie allerdings zu einem gegenteiligen Schluss. Er votiert gerade dafür, dass die alte Gegenüberstellung von links und rechts in der politischen Auseinandersetzung erhalten bleibt. Während Nassehi diese polarisierende Reduktion für kontraproduktiv erachtet, sieht Leggewie darin eine gute Möglichkeit, um komplexe politische Fragen auf „handhabbare parteiförmige Grundmuster" herunterzubrechen. Ob dies einer klugen Auseinandersetzung mit konträren Positionen und mit den Verwerfungen in unserer Gesellschaft tatsächlich dienlich ist, bleibt allerdings fraglich.

Mit Rechten reden

Unter diesem Titel verfasste ein linksliberales Trio, bestehend aus dem Historiker Per Leo, dem Juristen und Schriftsteller Maximilian Steinbeis und dem Philosophen Daniel-Pascal Zorn ein Buch, das erwartungsgemäß gemischte Reaktionen hervorrief. Die Autoren plädieren dafür, das Pingpong aus fortwährendem Beleidigen und ständigem Schmollen von einer differenzierten, nicht moralisierenden Streitkultur abzulösen. Eine Republik lebe nun einmal vom Streit und weniger von bloßen Bekenntnissen oder gar von moralischer Zensur.

In ihrer Einleitung schreiben die Autoren: „Die strukturelle Dummheit von Talkshows und Meinungsforschung, eine von der Ausnahme zur faktischen Norm erhobene Große

Koalition und das Internet als Medium der Meinungsbildung haben eine Diskussionskultur geschaffen, die sich vor allem durch zwei Merkmale auszeichnet: Nervosität und Erwartbarkeit." Daher wollen sie ihr Buch als eine Intervention verstanden wissen, „nicht in bestehende Debatten, sondern in einer Republik, die dabei ist, in den Arenen des Spektakels und den Stuben der Verwaltung eines ihrer kostbarsten Güter zu verspielen: die Lust am offenen Streit." Erfrischend unverkrampft gehen diese unkonventionellen Intellektuellen an das leidige Thema heran.

Doch von welchem rechten Klientel handelt dieses Buch? Es geht um eine Rechte, die sich diesseits der offenen Verfassungsfeindschaft verortet, in einer Grauzone, deren Protagonisten nicht – oder nicht mehr – Teil der rechtsextremen Szene sind, ohne sich eindeutig von ihr abzugrenzen. Diese Rechte reiche bis tief in die Mitte der Gesellschaft, in ein nach vielen Richtungen ausfransendes, jederzeit mobilisierbares, je nach Lage schnell an- und abschwellendes Milieu, in dem sich ein diffuses Unbehagen an den „Zuständen in unserem Land" breitgemacht habe. Neben Intellektuellen der neuen Rechten sei hier eine durchaus bunte Mischung auszumachen, in der die „besorgten Bürger" von Pegida auf nationalistische Sozialdemokraten wie Thilo Sarrazin träfen, sämtliche Schattierungen der Kultur-, Globalisierungs-, Islam- und Europakritik auf „Betonkonservative wie Erika Steinbach, hitzige Charakterköpfe wie Nicolaus Fest oder Michael Klonovsky, auf durchgeknallte Autoren von Katzenkrimis, und professionelle Krawallschachteln wie Matthias Matussek auf selbsternannte Reinkarnationen von Graf Stauffenberg und Sophie Scholl."

In den Zeitschriften *Junge Freiheit* und *Sezession* sehen die Autoren die Leitorgane dieses Spektrums, und sie gehen davon aus, dass uns das auf etwa zwanzig Prozent der stimmberechtigten Bürger geschätzte Wählerpotenzial der AfD dauerhaft als eine radikalisierbare Mitte begleiten werde. Dabei betonen sie deren bemerkenswerte Beweglichkeit: Werde etwa die aggressive Anpassungsfähigkeit des Kapitalismus, der Abbau des Sozialstaats oder die Einschränkung von Meinungsfreiheit kritisiert, so ähnele die Argumentation nicht immer nur auf den ersten Blick jener der Linken. Und auch im Zurschaustellen einer umweltbewussten Lebenspraxis, wenn sie Birnbäumchen pflanzen und selbstgezogene Rote Beete auf den Biomarkt tragen, gleichen sie den Grünen. Diesen Rechten, die permanent auf ihren Namen pochen, attestieren die Autoren von *Mit Rechten reden* einen „Identitätskomplex", der sich in der ständigen Polarisierung gegenüber einer sehr weit gefassten Linken realisiere.

Die Polarisierung in aktuellen Debatten funktioniert aber auch deshalb so gut, weil sie gleichermaßen von linker und linksliberaler Seite bedient wird. Denn auch die Linke hat sich in diesem Freund-Feind-Schema eingerichtet. Eine Strategie im sogenannten Kampf gegen Populismus, der in der Regel nur als rechter konnotiert wird, ist die Moralisierung des Diskurses. Tritt die Rechte selbstbewusst und angriffslustig auf, wird von links sofort ihre Stärke skandalisiert und rigoros für Ausschluss plädiert. Wenn sich die Rechte eher schwach und unbeholfen ausnimmt, neigt dieser Moralismus dazu, übergriffig zu werden und sich ihrer in sozialpädagogisch-therapeutischer Manier anzunehmen.

Vergleichbares war auch in der Reaktion auf und im Umgang mit den sogenannten Wutbürgern zu beobachten, die sich seit dem Winter 2014 in unterschiedlicher Zusammensetzung in Dresden und an anderen Orten in den östlichen Teilen der Republik versammelten und lautstark demonstrierten. Natürlich muss man Ausländerfeindlichkeit und rechtsextreme, von Anschlägen begleitete Gewalt verurteilen und ahnden. Man kann auch die Pegida-Bewegung und ihre Mitläufer, zu denen ein militant auftretender Mob gehört, für geschmacklos, abstoßend, bedrohlich und rechts bis rechtsradikal halten, ihre Einschätzungen und Forderungen ablehnen und als großen Unsinn ansehen. Doch bedauerlicherweise traten der Rest des Landes, die Leitmedien und die politische Klasse dieser Bewegung – sieht man von der AfD und ihrem Umfeld ab – vornehmlich moralisch und nicht politisch entgegen. Selbst der damals noch amtierende Bundespräsident Joachim Gauck reihte sich für einen kurzen Moment in diesen Chor ein, als er 2015, also auf dem Höhepunkt der Migrationskrise, bei seinem Besuch einer Flüchtlingsunterkunft in Berlin das Bild von einer dunklen und einer hellen Seite Deutschlands bemühte und vor Fremdenfeindlichkeit und Rechtsextremismus warnte. Diese Gegenüberstellung vom hellen, aufgeklärten, weltoffenen Westdeutschland, das Flüchtlinge willkommen heiße, und von einem dunklen Osten mit einem gefährlichen braunen Sumpf spiegelte sich auch in der Berichterstattung der Leitmedien wider. Obendrein wurden die wütenden Bürger und Pegida umgehend pathologisiert. Doch damit setzten die selbsternannten Tugendwächter des „hellen Deutschlands" nur ein Wechselspiel fort, das Debatten verhindert und gerade keine Türen öffnet für möglicherweise klärende Diskurse. Die Lage ist abgründiger. Besonders militant geht es in Ostdeutschland zu, den Rechtsextremen haben die linken selbst ernannten Antifaschisten den Kampf angesagt. Es rächt sich nun, dass der Antifaschismus in der DDR von der Kommunistischen Partei zur Staatsdoktrin erhoben wurde, aber eine tatsächliche Auseinandersetzung mit der nationalsozialistischen Diktatur nach 1945 nicht stattfand. Die Täter, so die Ideologie, waren im kapitalistischen Westen. Die Opfer, darunter die vielen Kommunisten, waren im Osten. So entstand der Buchenwald-Mythos. Die eigene Verstrickung in Schuld und Verbrechen im Nationalsozialismus wurde also ausgelagert. In Westdeutschland dauerte es Jahrzehnte, bis eine offene und breit geführte Auseinandersetzung darüber stattfand – gerade auch in den Familien.

Dies war in einer offenen, demokratischen Gesellschaft möglich. In der DDR-Diktatur wurde darüber geschwiegen. Die ganzen Traumata vom Krieg, von der Flucht, von Täterschaft und Mittäterschaft blieben untergründig vorhanden – wurden nicht aufgearbeitet, sondern verdrängt in der neuen Diktatur. Die Schriftstellerin und ehemalige DDR-Sprinterin Ines Geipel, die 1989 in den Westen floh, bringt es treffend auf den Punkt: „Die postfaschistische DDR der fünfziger Jahre wurde zur Synthese zwischen eingekapseltem Hitler und neuer Stalin-Diktatur, planiert durch den einen roten Antifaschismus, der einzig eine Heldensorte zuließ: den deutschen Kommunisten als Überwinder Hitlers."

Aufeinander treffen noch heute selbstherrliche, westdeutsche Antifaschisten, denen die Wiedervereinigung schon immer ein Graus war und die den Kommunismus als gar nicht so schlimm erachten, und Ostdeutsche, denen der staatlich verordnete Antifaschismus der Kommunisten seit der DDR-Gründung seit jeher auf die Nerven ging. In dieser Gemengelage hilft uns Moralisieren nicht weiter und verhindert eine Auseinandersetzung, die wir unbedingt mit Rechten, der AfD und Linken, die auf den Antifaschismus pochen, führen sollten.

Dem Autoren-Team von *Mit Rechten reden* schallte jedoch sofort der Vorwurf entgegen, mit ihrem Buch die Rechte hoffähig zu machen und die Koordinaten der politischen Kommunikation nach rechts zu verschieben. Wie gelungen ihr Leitfaden zum Disput ist, zeigt sich nicht zuletzt in seiner paradoxen Rezeption: In der liberal-konservativen *Frankfurter Allgemeinen Zeitung* wurde die Schrift kritisierend zerpflückt und in der linken *tageszeitung* als interessant und anregend besprochen.

„Man wird doch wohl noch sagen dürfen …"

Dass wir seit einigen Jahren eine drastische Verrohung und Radikalisierung der Sprache vor allem im Internet beobachten können und diese längst in die analogen Diskussionsräume Eingang gefunden haben, ist unbestritten. Und seitdem die AfD im Bundestag präsent ist, sorgt sie in den dortigen Debatten zwar für spürbare Lebendigkeit, fällt jedoch ebenfalls durch ständige Pöbeleien auf. Allerdings neigte auch ein Franz Josef Strauß seinerzeit dazu, im Parlament gegenüber dem politischen Gegner ausfällig zu werden. Derzeit aber fürchten einige, aufgrund ständiger Tabubrüche würde sich die Grenze des Sagbaren substanziell verschieben. Der Streit über das, was politisch korrekt, an der Grenze oder schon darüber hinaus ist, bewegt die Gemüter schon länger und berührt alle gesellschaftlich-politischen Fragen.

Der Literaturwissenschaftler Heinrich Detering hat akribisch die Sprachfiguren, rhetorischen Wendungen und Kniffe der parlamentarischen und außerparlamentarischen Rechten untersucht und blickt auf die sich radikalisierende AfD. (Detering 2019) Wenn etwa Alexander Gauland auf einer „Demonstration für unsere Heimat" im Juni 2016 vor einer Politik warnt, die „das deutsche Volk ersetzen" wolle durch „eine aus allen Teilen dieser Erde herbeikommende Bevölkerung". Oder der Rechtsaußen-Vertreter der AfD, Björn Höcke vom sogenannten „Flügel", die Regierenden in Berlin als „Volksverräter" beschimpft. Auch Alice Wedel, die von „Kopftuchmädchen, alimentierten Messermännern und sonstigen Taugenichtsen" sprach, schürte wie ihre Parteikollegen Fremdenhass. Immer wieder wird in diesen demagogischen Einlassungen einem „wir" ein „sie" als große Bedrohung gegenübergestellt. Wobei die Vorstellungen vom derart bedrohten „deutschen Volk" vage bleiben. Detering fällt zudem auf, es gebe häufig indirekte Verknüpfungen mit dem NS-Jargon.

Der gesellschaftliche Konsens darüber, was zu sagen erlaubt ist, ist allerdings stark davon geprägt, welches politische Lager die Diskurshoheit innehat. Und das kann sich natürlich verändern. Der Soziologe Harald Welzer zählt zu denjenigen, die derzeit mahnend an die Weimarer Republik und die schleichende Machtergreifung der Nationalsozialisten erinnern. Er sieht seit geraumer Zeit eine gefährliche Verschiebung der Koordinaten der politischen Kommunikation am Werke. Die Referenzgrößen und Standards dessen, was ‚normal‘ sei, hätten sich inzwischen längst verschoben. Denn die kommunikative Strategie der Rechten bestehe in der Grenzüberschreitung und in der Verwendung des medialen Körpers als Resonanzkörper für ihre Aussagen. Er spricht von einer „totalen Entmächtigung aller derjenigen, die sich einem linksliberalen oder wie auch immer gutdemokratischen Spektrum zugehörig fühlten“. Womöglich trifft Welzer damit ganz ungewollt einen neuralgischen Punkt. Es könnte sein, dass sich Bürger über eine vermeintliche oder womöglich tatsächlich schon länger währende linksliberale Diskurshoheit in den Leitmedien und dem öffentlich-rechtlichen Rundfunk ärgern – und keineswegs nur solche, die ihre Stimme der AfD geben oder die *Junge Freiheit* lesen.

Am 9. Mai 2019 betitelte die *taz* einen Beitrag „Rechte dominieren den politischen Diskurs im Netz“. Es ging darin um eine Studie der spanischen Social-Media-Analyse-Firma Alto. Deren Ergebnisse wurden auch in Nachrichtensendungen des öffentlich-rechtlichen Rundfunks präsentiert. In dem Artikel heißt es: „Den Ergebnissen der Studie zufolge haben mit 47 Prozent fast die Hälfte aller untersuchten Beiträge eine thematische Verbindung zur AfD oder anderen rechten Inhalten – ob nun unterstützend oder kritisierend.“ Weiter heißt es: „Die eigentliche Netzcommunity der AfD-Unterstützer ist mit knapp 11 Prozent vergleichsweise klein.“ Das Paradoxe dabei ist also, dass die diagnostizierte vorgebliche Übermacht des rechten Diskurses nach dieser Berechnung zustande komme, weil vor allem in linken und linksliberalen Medien so umfangreich über die AfD berichtet wird: ein Klassiker der sich selbst erfüllenden Prophezeiung.

Grünbein gegen Tellkamp

In Debatten über Meinungsfreiheit beobachten wir seit geraumer Zeit eine Polarisierung, die eine markante politisch-ideologische Lagerbildung widerspiegelt. Paradigmatisch zeigte sich das in einem spektakulären Schlagabtausch im März 2018 in Dresden zwischen den Schriftstellern Uwe Tellkamp und Durs Grünbein – beide sind Suhrkamp-Autoren und beide sind gebürtige Dresdener. Der eine kritisierte heftig die Merkel'sche Flüchtlingspolitik, der andere verteidigte sie. Die Kluft zwischen ihnen entsprach jener, die das ganze Land, Familien und Freundeskreise damals teilte. Es ging im Kern darum, wie Deutschland in Zukunft aussehen soll.

Der Konfrontation war ein Streit vorausgegangen, der wiederum in einer Buchhandlung seinen Ursprung hatte, im BuchHaus Loschwitz. Als die Inhaber, das Buchhändlerehepaar Michael Bormann und Susanne Degen, Verständnis für die Demonstrationen der Pegida zeigte, handelten sie sich gehörigen Ärger bei ihrem Dresdner Stammpublikum und bei befreundeten Autoren ein. Ihnen wurde darüber hinaus angekreidet, dass sie in ihrem Bücherangebot auch Titel des Verlegers Götz Kubitschek führten. Der Publizist Hans-Peter Lühr und der Kulturwissenschaftler Paul Kaiser wandten sich in einem offenen Brief an Susanne Degen: „Unser großes Unbehagen ist deine offene Solidarisierung mit dem rechten Spektrum der Gesellschaft."

Kurze Zeit später brachte Susanne Degen im Oktober einen Aufruf namens „Charta 2017" auf den Weg. Darin wurden die tumultartigen Auseinandersetzungen auf der Frankfurter Buchmesse kritisiert und der zu laxe Umgang der Messeleitung mit linken Aktivisten, die rechte Verlagsstände gestürmt hatten. „Wenn ein Branchen-Dachverband wie der Börsenverein des Deutschen Buchhandels, der Buchhandlungen und Verlage vereint, darüber befindet, was als Meinung innerhalb des Gesinnungskorridors akzeptiert wird und was nicht, … dann ist unsere Gesellschaft nicht mehr weit von einer Gesinnungsdiktatur entfernt … Die Erstunterzeichner der Charta 2017 wehren sich entschieden gegen jede ideologische Einflussnahme, mit der die Freiheit der Kunst beschnitten wird."

Zu diesen Erstunterzeichnern, vornehmlich Autoren und Buchhändler, zählten u. a. Kai Beisswenger, Jörg Friedrich, Michael Klonovsky, Hans-Joachim Maaz, Matthias Matussek, die ehemalige Bürgerrechtlerin Vera Lengsfeld, Ulrich Schacht, Cora Stephan, Eberhard Straub und Uwe Tellkamp. 8000 weitere Personen unterzeichneten den Aufruf, der wiederum für große Empörung in den Feuilletons sorgte. Vor allem die beiden Begriffe „Gesinnungskorridor" und „Gesinnungsdiktatur" sorgten für Widerspruch. Dem Dresdner BuchHaus Loschwitz blieben daraufhin langjährige Kunden fern.

Unabhängig davon, wie berechtigt Anlass und Inhalt der Erklärung gewesen sein mögen, war schon die Bezeichnung „Charta 2017" eine ziemliche Anmaßung, assoziiert sie sich doch auf dreiste Weise mit der tschechischen „Charta 77". Unter einer Erklärung mit diesem Titel hatten sich Dissidenten in der kommunistischen Tschechoslowakei versammelt, um für Bürger- und Menschenrechte und natürlich auch für Meinungsfreiheit zu kämpfen. Trotz ständiger Überwachung durch die Staatsicherheit war es den Initiatoren gelungen, die Gründungserklärung zur westlichen Presse zu schmuggeln. Am 7. Januar 1977 erschien sie u. a. in der *Neuen Zürcher Zeitung*, dem Londoner *Guardian* und der *Frankfurter Allgemeinen Zeitung*. Zu den Erstunterzeichnern zählten Václav Havel, der Philosoph Jan Patočka, Pavel Kohout, Jiří Dienstbier, Jiří

Gruša und Jiřina Šiklová. Vom Westen erhielten die Chartisten Unterstützung von Heinrich Böll und Arthur Miller.

Das kommunistische Regime reagierte erwartungsgemäß hart: gesellschaftliche Ächtung, ständiger Psychoterror der Staatssicherheit, Ausbürgerungen, Berufsverbote; viele landeten im Gefängnis. Der Charta-Sprecher Jan Patočka starb nach quälenden Verhören durch die Kommunisten im März 1977. Die Bewegung arbeitete im Untergrund dennoch weiter, und nach dem Sieg über den Kommunismus 1989/90 übernahmen viele Charta-Aktivisten politische Ämter. In Deutschland 2017 nun namentlich an diese Bewegung anzuknüpfen und sich damit zu Helden der Meinungsfreiheit und der Demokratie zu stilisieren, ist ohne jeden Zweifel vermessen.

Im Dresdener Streitgespräch mit Durs Grünbein gerierte sich Tellkamp mit seiner Kritik an der herrschenden Political Correctness und an vermeintlich enger werdenden „Gesinnungskorridoren“ immer wieder als Opfer. Seine Behauptung, mehr als 95 Prozent der Flüchtlinge seien nicht vornehmlich vor Krieg und Verfolgung auf der Flucht, sondern wollten lediglich von deutschen Sozialsystemen profitieren, sorgte für erheblichen Ärger. Der Suhrkamp Verlag distanzierte sich per Twitter von seinem Autor und von dessen Kritik an der Merkel'schen Flüchtlingspolitik: Tellkamps Haltung entspreche nicht jener des Verlags. Und auch über diese recht kleinmütige Reaktion wurde erneut im Kulturbetrieb gestritten: Die Schriftstellerin Monika Maron etwa warf dem Verlag Verrat vor.

Die *Süddeutsche Zeitung* wiederum attestierte Uwe Tellkamp, er bewege sich in einem „Wahnsystem“. Durs Grünbein nahm am selben Ort nochmals sehr ausführlich Stellung. Er forderte, gerade Ostdeutsche müssten doch den Zuzug aus anderen Erdteilen verstehen, weil ihnen doch wohl der „Drang, die eigenen Lebenschancen zu verbessern“, bekannt sei. In einem Gespräch mit der *ZEIT* warf er Tellkamp vor, die Flüchtlingspolitik mit allerlei Zahlen diskreditieren zu wollen. „Was wir von Tellkamp zu hören bekamen, ist uns seit Jahren von den Teilnehmern der Pegida-Demonstrationen bekannt: Islamophobie, Furcht vor dem anderen, Verschwörungsfantasien, diffuse Sozialängste." Für Grünbein ist sein Kollege „Heimatautor", der den „Opferanwalt" spiele.

Gesinnungen prallten aufeinander, die Erregungsschraube drehte sich weiter in die Höhe, und die Polarisierung setzte sich fort.

„Erklärungen" und kollektive Erinnerung

Es folgte eine weitere „Gemeinsame Erklärung 2018", in der namhafte konservative und auch rechte Intellektuelle vor unkontrollierter Einwanderung warnten. Der Text war kurz: „Mit wachsendem Befremden beobachten wir, wie Deutschland durch die illegale Masseneinwanderung beschädigt wird. Wir solidarisieren uns mit denjenigen, die friedlich dafür demonstrieren, dass die rechtsstaatliche Ordnung an den Grenzen unseres Landes wiederhergestellt wird." Pikant ist der illustre Kreis, in dem neben Uwe Tellkamp und den üblichen Verdächtigen wie Thilo Sarrazin und Matthias Matussek auch der ehemalige Aktivist der linksradikalen „Subversiven Aktion" und heutige Herausgeber der im neurechten Spektrum angesiedelten Zeitschrift *Tumult*, Frank Böckelmann, zu finden war. Und der unterzeichnende Henryk M. Broder, der den Blog „Achse des Guten" betreibt, blickt ebenfalls auf eine Vergangenheit als 68er zurück.

Auch wenn man darüber grübeln kann, ob und wo damals „friedliche Demonstrationen" stattgefunden haben sollen, hätte diese Erklärung Anlass für eine breite und kontroverse, intellektuell anspruchsvolle Diskussion über Einwanderungspolitik und ungesicherte Grenzen sein können. Einer solchen Debatte jedoch nicht zuträglich war, dass die Erklärung in eine Art Volksbegehren umgemünzt und als Petition dem Deutschen Bundestag vorgelegt wurde. Es wurden laut der

Initiatoren Vera Lengsfeld, Henryk M. Broder und Michael Klonovsky über 165 000 Unterschriften gesammelt. Auf der Petitions-Plattform www.erklaerung2018.de schrieben sich Bürger aus allen Ecken der Republik ein. Das gesamte Spektrum von konservativ, deutschnational, rechts und rechtsextrem spiegelte sich in den Unterschriften wider und ergab eine seltsame Melange.

Ernst Elitz, ehemaliger Intendant des Deutschlandradios, kommentierte dies in der Zeitschrift *Cicero*. Was als konservatives Aufbegehren begonnen habe, sogar als Wortmeldung konservativer Intellektueller für eine überfällige Debatte jenseits lähmender politischer Korrektheit gedeutet werden konnte, sei im Getümmel wutschnaubender Mitbürger gelandet und habe der Petition damit jedes Gewicht genommen. Das wiederum war Linksliberalen, Grünen, Antifaschisten und Linksradikalen willkommener Anlass, noch lauter den Kampf gegen rechts und gegen alles, was sich skeptisch gegenüber ungeregelter Einwanderung äußerte, unter dem Motto zu mobilisieren: Seht her, das ist alles eine braune Suppe!

Es verwundert nicht, dass auch die linke Seite mit einer kollektiven Verlautbarung der „Kulturschaffenden" und ihrer Institutionen, wie es dezidiert hieß, reagierte und zwar nicht von ungefähr am 9. November 2018, dem Jahrestag der Pogrome gegen die jüdische Bevölkerung 1938. In der „Berliner Erklärung der Vielen", die als Blaupause für weitere Erklärungen in ganz Deutschland dienen sollte, heißt es: „Als Aktive der Kulturlandschaft in Deutschland stehen wir nicht über den Dingen, sondern auf einem Boden, von dem aus die größten Staatsverbrechen der Menschheitsgeschichte begangen wurden. In diesem Land wurde schon einmal Kunst als entartet diffamiert und Kultur flächendeckend zu Propagandazwecken missbraucht … Heute begreifen wir die Kunst und ihre Einrichtungen … als offene Räume, die vielen gehören … Der rechte Populismus … steht der Kunst der vielen feindselig gegenüber. Rechte Gruppierungen und Parteien … arbeiten an einer Renationalisierung der Kultur."

Die Zeit des Nationalsozialismus ist hier wie so häufig der Referenzpunkt und Antifaschismus der Motor einer moralisch befeuerten Haltung zur Verbesserung der Welt. Mehr Argumente anstelle moralischer Mahnungen und Appelle wünscht sich entsprechend nicht nur der Historiker Andreas Rödder, der angesichts der immer hysterischeren Debatte eine liberalkonservative Haltung fordert: „gegen die Moralisierung des Eigenen aufseiten der politischen Rechten, wie sie sich in der AfD niederschlägt, und gegen die Moralisierung des Anderen durch eine Kultur des Regenbogens, deren Betreiben von Antidiskriminierung und Diversität, Gleichstellung und Inklusion Züge repressiver Toleranz gewonnen hat." (Roedder 2019)

Bereits im Frühsommer 2018 war ein anderes Datum der deutschen Geschichte und ein anderer Ort Referenzpunkt dieser polarisierenden ideologischen Kämpfe in den Blick gerückt: das Hambacher Schloss, das seit dem berühmten Fest 1832 als Geburtsort der Demokratie und Freiheit in Deutschland gilt. Zehntausende Bürger hatten sich damals versammelt und protestiert gegen die Zensurgesetze und die Kleinstaaterei des Deutschen Bundes. In dieser Tradition versammelten sich 2018 auf der einen Seite Nationalkonservative, Rechte, Liberale und bürgerliche AfD-Politiker und -Anhänger, die das Schloss für eine Veranstaltung gemietet hatten und für ihre Veranstaltung Polizeischutz genossen. Dagegen demonstrierten auf der anderen Seite die Linken: Diese verteidigen bis heute die sogenannte Willkommenskultur von Angela Merkel und sprechen den „Deutschnationalen" jegliches Recht ab, an die Traditionen des Hambacher Festes anzuknüpfen. Sie befürchten einen neuen völkischen Nationalismus, der die größte Gefahr sei für die Demokratie in Deutschland.

In gut deutscher Manier bildeten sich wieder ganz manichäisch altbekannte Gesinnungslager, die sich wütend gegenüberstanden, und es griff wieder einmal der bekannte Antifa-Reflex gegenüber jenen, die – wie zweifelhaft und anstößig auch immer – ihren Stolz auf die deutsche Nation zum Ausdruck bringen und nationale Interessen mobilisieren.

Totalitarismus revisited

Ein immer wieder repetierter, letztlich hilfloser und unscharfer Antifaschismus setzt vor allem das wenig erhellende Wechselspiel der Links-Rechts-Polarisierung fort. Deshalb lohnt es sich, die historischen Gründe dafür anzuschauen.

Schon der berühmte Historikerstreit 1986 fand zwischen einem linken und einem rechten Lager statt und spitzte sich rasch zu. Allerdings handelte es sich damals um einen intellektuell anspruchsvollen Streit, der weit über die Historikerzunft hinausreichte. Impulse für diese Debatte kamen aus den Universitäten und wirkten in den gesellschaftlichen und politischen Raum hinein, der noch infolge von 1968 links geprägt war. Der intellektuelle Geist der Republik stand damals noch in der Folge von 1968 links. Die Suhrkamp-Kultur mit ihrer regenbogenfarbenen *edition suhrkamp* war paradigmatisch für den herrschenden Zeitgeist.

Ausgelöst von einem in der *Frankfurter Allgemeinen Zeitung* erschienenen Text des Historikers Ernst Nolte wurde fast zwei Jahre lang leidenschaftlich und polemisch über die Frage der Einzigartigkeit der nationalsozialistischen Verbrechen und über das Selbstverständnis der Bundesrepublik gestritten. Nolte schrieb in dem Zeitungsartikel: „Vollbrachten die Nationalsozialisten, vollbrachte Hitler eine ‚asiatische' Tat vielleicht nur deshalb, weil sie sich und ihresgleichen als potenzielle oder wirkliche Opfer einer ‚asiatischen' Tat betrachteten? War nicht der Archipel Gulag ursprünglicher als Auschwitz? War nicht der ‚Klassenmord' der Bolschewiki das logische und faktische Prius des Rassenmords der Nationalsozialisten?" (Nolte 1987)

Die Empörung war groß und sorgte sogleich für eine Lagerbildung: Joachim Fest, damals Herausgeber der *Frankfurter Allgemeinen Zeitung,* und der Historiker Michael Stürmer verteidigten Nolte, die Historiker Andreas Hillgruber sowie Klaus Hildebrand schlossen sich an. Von einer „Kulturrevolution von rechts" sprach daraufhin der Historiker Hans Ulrich Wehler und machte einen „begriffspolitischen Kampf um die kulturelle Hegemonie" aus. Der „nationalapologetische Revisionismus" von Nolte und Hillgruber gehe mit einer „zielbewusst neokonservativen Machtpolitik" einher, schlug er Alarm. Der Historiker Hans Mommsen beschimpfte Michael Stürmer als „selbsternannten Ideologen der Wende", und Jürgen Habermas setzte dieser vermeintlichen „Wendepolitik" seinen Verfassungspatriotismus entgegen. „Eine in Überzeugungen verankerte Bindung an universalistische Verfassungsprinzipien hat sich leider in der Kulturnation der Deutschen erst nach – und durch – Auschwitz bilden können." Der Chefredakteur des *Spiegels,* Rudolf Augstein, sprach gar von einer „neuen Auschwitz-Lüge".

Die Nolte-Kritiker gingen als Sieger aus dieser Debatte hervor und Stimmen wie jene des Historikers Karl Dietrich Bracher vernahm man kaum in der damaligen Kontroverse. Er räumte ein, dass der Streit über die nationalsozialistische und kommunistische Massenmordpolitik wissenschaftlich wenig Neues enthalte im Vergleich zur Faktenlage der 1940er- und 1950er-Jahre. Vielmehr hatte sich das gesellschaftliche Klima für diese Erkenntnisse geändert. Entscheidend war, dass sich seit Mitte der 1960er-Jahre im Zuge der Studentenbewegung der antitotalitäre Konsens verflüchtigte und der Totalitarismusbegriff tabuisiert wurde. (Bracher 1987) Die Bezeichnung Antitotalitarismus wurde mehr und mehr verworfen, weil sie als antikommunistisch galt, wodurch eine Schieflage in der historischen Betrachtung entstand, die kommunistische Verbrechen weich zeichnete. Stattdessen setzten sich Faschismustheorien durch. Mit der Ächtung des Totalitarismusbegriffs wurde das Gemeinsame von rechts- und linksdiktatorischen Unterdrückungssystemen ausgeblendet. Und ein einseitiger Antifaschismus triumphierte.

Auch der Münchner Historiker Christian Meier machte auf diese heikle Geschichtsklitterung aufmerksam: „Will man, wofür vieles spricht, die nationalsozialistische Vergangenheit daran hindern, negativer Mythos vom absolut Bösen zu werden oder zu bleiben, so wird man andere Wege gehen müssen." (Meier 1987)

Doch just dieser negative Mythos vom absolut Bösen ist bis heute die identitätsstiftende Klammer im linken Antifaschismus-Diskurs – einhergehend mit der Verharmlosung der Verbrechen, die im Namen des Kommunismus begangen worden sind.

Noch in den Debatten über die Wiedervereinigung Deutschlands stand dieser Mythos Pate. Denn Anfang 1990 argumentierte Günter Grass, die Teilung Deutschlands sollte als Strafe für Auschwitz fortbestehen – gewissermaßen als „Sühneopfer". Der Antifaschismus war Staatsdoktrin der DDR gewesen, die Mauer in der kommunistischen Propaganda ein „antifaschistischer Schutzwall" und dieses Diktum hatte auch Eingang in die Köpfe vieler westdeutscher Intellektueller gefunden. Einher ging es mit einem ausgeprägten intellektuellen Unbehagen gegenüber der ostmitteleuropäischen Dissidenz.

Bürgerrechtler wie der polnische Historiker und Herausgeber der *Gazeta Wyborcza*, Adam Michnik, der ungarische Schriftsteller György Konrád, der Schriftsteller Václav Havel oder Herta Müller, die Schriftstellerin aus dem rumänischen Bannat, konnten davon ein Lied singen. Es handelte sich nicht nur um Desinteresse und Ignoranz gegenüber den Demokratiebewegungen jenseits des Eisernen Vorhangs. Die Dis-

sidenten galten obendrein noch als Störenfriede einer sozial-
demokratisch initiierten Entspannungspolitik, die zugunsten
des Weltfriedens am Status quo der Nachkriegsordnung und
damit der sowjetisch oktroyierten Teilung Europas festhalten wollten. Die dezidiert antikommunistische Haltung vieler
Bürgerrechtler und der Bevölkerungen Polens, Ungarns, der
Tschechoslowakei und der DDR, ihr Wunsch nach Demokratie und Kapitalismus war der linksliberalen deutschen Intelligenz überaus suspekt. Adam Michnik hatte Jürgen Habermas
vorgehalten, gegenüber den kommunistischen Verbrechen geschwiegen zu haben. Der Philosoph rechtfertigte sich später
damit, die Angst vor dem Beifall der falschen Seite habe dafür gesorgt. Er wollte nicht in antikommunistische Fahrwasser
geraten. Anlässlich des Jubels über die deutsche Wiedervereinigung und der anstehenden Ersetzung der planwirtschaft-
lich gescheiterten Ostmark durch die westdeutsche Währung
warnte Habermas 1990 in *Die Zeit* vor dem „pausbäckigen
DM-Nationalismus". Die Vermählung von Antifaschismus
und Antikapitalismus war – und ist bis heute – recht beliebt.

Der Historiker Heinrich August Winkler, während des His-
torikerstreits auch auf der Seite der Nolte-Kritiker, war der
einzige, der zehn Jahre danach seine damalige Einschätzung
selbstkritisch revidierte. Eine „linke Lebenslüge" nannte er es
und warnte vor einer „chronisch gewordenen politischen Ins-
trumentalisierung des Holocaust." (Winkler, 1996)

Mitte der 1990er-Jahre wurde auch in Frankreich über die
Vergleichbarkeit und Wechselwirkungen totalitärer Ideologien
und die Einschätzung der kommunistischen, nationalsozialistischen und faschistischen Verbrechen gestritten. Auslöser
war das 1995 erschienene Buch des französischen Historikers
François Furet, *Das Ende der Illusion,* über die Faszination
der kommunistischen Idee im letzten Jahrhundert. Er spricht
darin von der „konflikthaften Komplizenschaft" der Nationalsozialisten und der Kommunisten und ihr komplementäres

und von Rivalität geprägtes Verhältnis. Der Historiker beschreibt den Kommunismus und Nationalsozialismus als zwei feindlich verwandte Ausgeburten des Ersten Weltkriegs, angetrieben von bürgerlichem Selbsthass. Am Anfang seines Werks widmet er Ernst Nolte eine interessante Bemerkung: „Seit 20 Jahren, vor allem jedoch seit der Auseinandersetzung über die Interpretation des Nationalsozialismus, die im Jahr 1986/87 die deutschen Historiker entzweite, wurde Ernst Noltes Auffassung in Deutschland und im gesamten Westen derart einhellig verdammt, dass sie mir eines besonderen Kommentars würdig erscheint. Ihm kommt unter anderem das Verdienst zu, bereits sehr früh das Verbot eines Vergleichs von Kommunismus und Nazismus durchbrochen zu haben." (Furet 1996) Dieses Verbot wurde in Westeuropa und ganz besonders ausgeprägt in Deutschland eingehalten. Es verhindere jedoch letztlich auch eine Aufarbeitung der Geschichte des Faschismus. Es wirke letztlich genauso im historischen System wie der Antifaschismus sowjetischer Prägung im politischen System. „Indem er die Kritik am Antifaschismus verbietet, verhindert dieser Typus historiographischen Antifaschismus auch das Verständnis des Faschismus." Klar wandte sich Furet dennoch gegen Noltes „schockierende und falsche" Schlussfolgerungen, die in eine Relativierung der nationalsozialistischen Verbrechen mündeten. Doch die beiden Historiker setzten dennoch ihre Diskussion in einem Briefwechsel fort, der das übliche Lagerdenken hinter sich lässt. Im letzten Brief an seinen Kollegen schreibt Furet: „Sie bemerken sehr zurecht, dass die Auflösung des Sowjetkommunismus sonderbarer Weise von einer Schwenkung der öffentlichen Meinung Europas nach links begleitet war. Je mehr der Kapitalismus triumphiert, desto mehr wird er verabscheut. Mit der Sowjetunion hat er eine seiner besten Rechtfertigungen verloren, die ihn zu einem Schaufenster der Freiheit macht. Er ist seines besten Argumentes beraubt: des Antikommunismus." (Furet/Nolte 1998) Kurio-

serweise wird die europäische Linke weder für ihre Nachgie-
bigkeit gegenüber dem Sozialismus und Kommunismus noch
für dessen Unterstützung verantwortlich gemacht. Da die sozialistische Idee von der Linken fortan nur im negativen Sinn,
in der Kapitalismuskritik verwendet würde, sei sie weniger
angreifbar geworden. Sie könne sich darauf beschränken, die
demokratische Gesellschaft als undemokratisch zu kritisieren.
Sie knüpft an den alten Traum der modernen Demokratie an,
die Demokratie lasse sich vom Kapitalismus trennen. Sie will
die Demokratie hüten und den Kapitalismus vertreiben, obwohl doch beide eine gemeinsame Geschichte haben.

Ein Aufschrei auf linker und linksliberaler Seite war in
Deutschland die Folge. (Vgl. Ackermann 2000) Auffällig war
damals bereits, dass die Debatte über die Verbrechen der totalitären Regime moralisch sehr aufgeladen war und einer sach-
lichen, argumentativen Auseinandersetzung damit im Wege
stand.

Argumentationslinien, die bereits aus dem Historikerstreit
bekannt waren, setzten sich im Streit über das fast tausend
Seiten umfassende *Schwarzbuch des Kommunismus. Unterdrückung, Verbrechen, Terror* fort, das französische, polnische
und tschechische Historiker Ende der 1990er-Jahre vorlegten.
Auch damals war der Vorwurf von linker Seite sofort, ein Vergleich nationalsozialistischer und kommunistischer Verbrechen relativiere die deutschen Verbrechen, mindere die deutsche Schuld und gieße Wasser auf die Mühlen der Rechten
und Geschichtsrevisionisten. Obwohl doch ein historischer
Vergleich keine Gleichsetzung ist, sondern den Blick auf totalitäre Regime und das Besondere der jeweiligen Herrschaftsform gerade erst schärft.

Politische Vertrauenskrise

Der Absturz der Volksparteien

Die Krise und der Bedeutungsverlust der Volksparteien heute, das Wegschmelzen der politischen Mitte zugunsten rechter und linker populistischer Kräfte, die sich in der Polarisierungsdynamik gegenseitig hochschrauben, haben in Deutschland die Erinnerung an Weimarer Verhältnisse wachgerufen, obwohl ähnliche Entwicklungen in ganz Europa liberale Ordnungen auf eine harte Probe stellen. Anlässlich der Hundertjahrfeiern zur Verabschiedung der Weimarer Verfassung wurde vor einem immer weiter um sich greifenden Rechtsextremismus und Antisemitismus gewarnt – einige Stimmen sahen in Anbetracht einer Zunahme des Letzteren um 20 Prozent im Jahr 2019 gar einen neuen Faschismus heraufziehen. Der Bundesverfassungsschutz beobachtet seit einiger Zeit die Ausweitung rechtsextremistischer Netzwerke, Zusammenrottungen und Anschläge auch auf europäischer Ebene und bis in die USA. Nicht nur die abschließende Aufklärung und Verurteilung der NSU-Anschläge, sondern insbesondere die Ermordung des Politikers Walter Lübcke und der antisemitische Anschlag in Halle haben die Augen dafür geöffnet, dass sich die Zielgruppen und die Zielgerichtetheit der rechtsextremistischen Anschläge deutlich verändert haben.

Dennoch scheint mir ein antifaschistischer Alarmismus in dieser Lage nicht dienlich. Denn im Prinzip sind wir mit unserem Grundgesetz als Fortführung der Weimarer Verfassung für mögliche Turbulenzen ganz gut gerüstet, solange die Mehrheit der Bürger und Parteien die Errungenschaften der liberalen Demokratie, ihre Institutionen und Procedere wertschätzen und bereit sind, sie zu verteidigen.

Es gab in den letzten Jahren viele Diskussionen und Versuche, das Phänomen des anschwellenden Populismus in den westlichen Demokratien zu analysieren und zu verstehen. Der Begriff bleibt schillernd, auch wenn man sich auf einige grundlegende Faktoren einigen kann: Populisten, ihre Bewegungen und Parteien, versuchen in der Regel, komplexe Probleme zu reduzieren und einfache Lösungen anzubieten. In der Steigerung spielen sie mit Katastrophen- und Untergangsszenarien und werben für radikale Lösungen. Sie schimpfen auf Regierung und Eliten, verbunden mit einer generellen Verächtlichmachung der Politik. Demagogie und Verführung gehören zu ihrem Handwerkszeug und sie werben für eine „Bewegung" gegen Institutionen, Mächte und traditionelle Parteien. Im Kern sind Populisten antipluralistisch und beanspruchen stattdessen, allein den wahren und vermeintlich einhelligen Volkswillen zu repräsentieren.

Eine weichere, etwas vornehmere Form des Populismus ist uns auch vonseiten der alten Volksparteien durchaus vertraut, besonders in Zeiten von Wahlkämpfen. Gern wird dann der Populismus-Vorwurf erhoben, um den politischen Gegner zu diskreditieren – eine demagogische Ersatzhandlung anstelle von argumentativer Auseinandersetzung. Unrealistische Versprechen und Parolen sind von seriösen Parteien ebenfalls zu vernehmen, wenn es um die Gunst der Wähler geht. Sie wollen vom Volk geliebt und an die Macht gewählt werden – eine durchaus nachvollziehbare Ambition, die jedoch an sich schon nicht frei von populistischen Elementen ist.

In den letzten Jahren diente der Populismusvorwurf in Berlin vor allem der Großen Koalition dazu, sich gegenüber der Kritik an ihrer Politik zu immunisieren. Und diese Versuche der Delegitimierung und Diskreditierung kamen nicht nur von den politischen Akteuren selbst, sondern auch von ihrer beratenden Entourage, von sogenannten Experten, welche die Botschaft medial verbreiteten.

Grundsätzlich ist der an- beziehungsweise abschwellende Populismus ein Gradmesser dafür, wie stark die Demokratie, ihre Institutionen und Prozeduren in der Bevölkerung verankert sind; ob und welches Vertrauen die Volksparteien genießen und was sich gegen sie regt. Er ist eine Reaktion auf Demokratiedefizite und auf eine Krise der politischen Repräsentation. Da der Populismus im Kern antiparlamentarisch ist, bezeugt sein Erfolg immer auch die Schwäche von Parlamenten, auch wenn er selbst Parlamentswahlen nutzt, um an die Hebel der Macht zu kommen.

Dass viel häufiger vom Rechtspopulismus als von seinem linken Pendant die Rede ist, fiel Ralf Dahrendorf schon länger auf. (Dahrendorf 2003/2007) Er vermutete, dass die Themen, an denen sich demagogischer Populismus aufschäumt, häufig eher klassische Themen der Rechten seien. Bereits damals galt dies vor allem für zwei Politikfelder: Recht und Ordnung sowie die gesamte Problematik der Zuwanderung und der Handhabung des Asylrechts in demokratischen Staaten. Wenn Liberale und Linke diese Themen meiden, können Skrupellosere aus ihnen Kapital schlagen. Deshalb sei ‚Recht und Ordnung‘ zu einer feststehenden Wendung rechter Politik geworden. Außer Frage steht, dass die traditionellen Volksparteien diese Themen über mindestens zehn Jahre hinweg ausgeblendet, verschleppt oder nicht in angemessener Weise auf die Tagesordnung gesetzt haben.

Überall in Europa schüren inzwischen rechts- und linkspopulistische Parteien und Bewegungen mit ihrer Globalisierungskritik, der großen Skepsis gegenüber Einwanderung und teils militanter Fremdenfeindlichkeit bis in die Mitte der Gesellschaft hinein Zweifel an den Errungenschaften der westlichen Zivilisation. Nachdem die Euro-Schuldenkrise und die Flüchtlingskrise überwunden waren, glaubte man, auch der Erfolg der Populisten würde zurückzugehen. Doch diese Bewegungen und Parteien gewinnen weiter an Einfluss, wie wir

am Erfolg der AfD und an den Pegida-Demonstrationen beobachten konnten – eine quasi nachholende Entwicklung,
denn in Nachbarländern sind die Rechtspopulisten längst in
den Parlamenten und teils in Regierungsverantwortung. Die
alten Volksparteien sind inzwischen so geschrumpft, dass sie
gezwungen sind, mit solchen populistischen Kräften zu koalieren, um überhaupt Regierungen zu bilden, oder aber gar keine
Rolle mehr zu spielen. Wirtschaftspolitisch nähern sich rechte
und linke Kräfte immer stärker an in den Forderungen nach
Protektionismus, Regulierung, Umverteilung und nach einem
Staat, der seine Bürger umfassend versorgt und lenkt.

Alle populistischen Parteien oder Bewegungen, ob auf der linken oder rechten Seite, hegen ein starkes Misstrauen gegenüber
der parlamentarisch-repräsentativen Demokratie. Sie schüren
den Wunsch nach unmittelbarer Volksherrschaft und forcieren
eine Bewegung, die gegen das sogenannte Establishment revol-
tiert. Dabei eint sie ein ausgeprägt antiwestliches und antiliberia-
les Ressentiment: Skepsis gegenüber der Globalisierung, Antikapitalismus, Europaskepsis, Putin-Verehrung und der Wunsch
nach einer starken Führung und einer harten Hand. Zwei Drittel der Italiener wünschte sich dies, als sie die Populisten an die
Macht wählten. Individualismus prangern sie als westlich-de-
kadente Fehlentwicklung an und feiern stattdessen die Gemeinschaft, denn das Heil liegt für sie in kollektiven Identitäten.

Dieses große Misstrauen gegenüber der Politik, das sich im
Hass auf die Eliten entlädt, reicht von den USA bis in die kleinsten Ecken Europas. Es teilen nicht nur die sogenannten „abgehängten" Globalisierungsverlierer der unteren Mittelschicht,
die abgestiegen sind oder Abstieg befürchten. Die Unzufriedenheit über die politische Klasse und über ihren Umgang mit
gegenwärtigen Herausforderungen und Krisen sitzt tiefer. Es
ist auch ein Unbehagen gegenüber dem rasanten Wandel, den
Veränderungen im Zuge der Digitalisierung, der Auflösung der
alten Weltordnung und gegenüber dem Verlust des Herkömm-

lichen und Vertrauten. Es hat sich von den Rändern bis in die Mitte der Gesellschaft ausgebreitet. Bodenständigkeit, Heimatpflege und Identitätsversicherung soll vor dem unkalkulierbar Neuen und bedrohlich Ungewissen Schutz und Verlässlichkeit bieten. Es ist gewissermaßen ein Aufstand gegen das Moderne und Neue, gegen die grenzenlose, konfliktreiche Unübersichtlichkeit und Unberechenbarkeit der Welt, in der das Land und die Provinz gegen die Stadt als Sinnbild der fragilen Moderne aufbegehrt. Die Revolte richtet sich gegen das kosmopolitisch-urbane, global vernetzte sogenannte Establishment.

Gleichzeitig ist in europäischen Hauptstädten und amerikanischen Metropolen zu beobachten, wie die Funktionseliten samt der politischen Klasse die Bodenhaftung eingebüßt haben, immer weniger realisieren, was die Bevölkerungen umtreibt und zunehmend selbstbezüglicher werden. Obendrein verärgern viele ihrer Vertreter ihre Wählerschaft mit zuweilen hochmütigem Paternalismus, wenn die Bevölkerung mit ihren „Ängsten" behandelt wird, als seien Bürger kleine Kinder oder Patienten. Die alten Volksparteien sind in den Nachbarländern deshalb reihenweise abgewählt worden und fassungslos über ihren dramatischen Bedeutungsverlust. Die Kluft zwischen Bevölkerung und politischer Klasse, wie wir sie in ganz Europa sehen, wird trotz des Scheiterns klassischer Volksparteien immer größer, und nicht zuletzt der ungelöste Brexit ist ein anschauliches Lehrstück dafür: Die Bevölkerung in Großbritannien ist weiterhin gespalten, und die Tories wie die Labour Party demontieren die Demokratie auf beängstigende Weise.

Krise der Repräsentation

Doch es sind eben nicht nur populistische Ressentiments, Skepsis gegenüber Einwanderung und Fremdenfeindlichkeit, die die europäischen Gesellschaften und ihre gewachsenen sozialen Ordnungen erschüttern. Die Finanzkrise, später die Schulden- und Flüchtlingskrise haben Europa schwer zugesetzt. Die Idee der liberalen Demokratie und europäischen Einigung samt der politischen Architektur der EU stehen weiterhin auf dem Prüfstand. Es sind neue und ganz reale Probleme, nicht etwa nur diffuse Ängste der Bevölkerung, die mit den weltweiten Migrationsbewegungen, den sozialökonomischen Veränderungen im Zuge der digitalen Revolution und ständiger Terrorgefahr heute auf der Agenda stehen: neue Verwerfungen und soziale Spaltungen, die unsere bisher liberalen und offenen Gesellschaften samt ihrer demokratischen Institutionen und das politische Gefüge im Kern berühren. Die politische Klasse hat auf diese neuen Herausforderungen bisher wenig überzeugende Antworten gefunden.

Seit einigen Jahren konnten wir daher auch in Deutschland eine Krise des Vertrauens beobachten: Die Bürger misstrauen nicht nur den alten politischen Volksparteien, auch das Parlament hatte erheblich an Ansehen eingebüßt und nicht anders ging es der sozialen Marktwirtschaft. Aktuelle politische Herausforderungen und nicht zuletzt die Migrationsbewegungen in Richtung Europa haben eine Diskussion über westliche und europäische Werte, über eine Leitkultur provoziert, über die normativen Grundlagen unseres Gesellschaftsmodells, über unseren Lebensstil und die Zugehörigkeitskriterien im Integrationsprozess.

Erfreulicherweise haben die Ergebnisse des Freiheitsindex Deutschland, den das John Stuart Mill Institut seit 2011 erhoben hat, zu den Schwerpunkten „Westliche Werte" und „Westlicher Lebensstil" gezeigt, dass die Deutschen ein Bewusstsein davon haben und beides wertschätzen. Bei den westlichen Werten stehen für die Bürger freie Wahlen an erster Stelle und 64 Prozent der befragten Bürger gehen, so haben die Studien gezeigt, von einem spezifischen westlichen Lebensstil aus, der insbesondere von der Gleichberechtigung der Geschlechter geprägt sei und weiter von Meinungs-, Presse- und Redefreiheit. Auch die Freiheitsrechte allgemein und die Freiheit der individuellen Lebensgestaltung werden als typisch für den westlichen Lebensstil erachtet.

Doch besonders die Meinungsfreiheit als hochgeschätztes Gut sahen die Bürger unter zunehmendem Druck. Das ergaben die Antworten auf die Frage: „Haben Sie das Gefühl, dass man heute in Deutschland seine politische Meinung frei äußern kann oder ist es besser, vorsichtig zu sein?" Im Jahr 2016, als die Fluchtbewegung nach Europa und Deutschland ihren vorläufigen Höhepunkt erreichte, sank die Kurve zu Ungunsten der freien Meinungsäußerung dramatisch. Waren 1990 noch 79 Prozent der Meinung gewesen, eine freie politische Meinungsäußerung sei möglich, waren es 2016 nur noch 57 Prozent. Und die Einschätzung, man müsse vorsichtig in seiner politischen Meinungsäußerung sein, stieg seit 1990 von 17 auf fast 30 Prozent. Angesichts der Flüchtlingskrise und bedrohlichem Islamismus hatten die Bürger den Eindruck, dass aufseiten der politischen Klasse und der Leitmedien bestimmte Themen und Problemlagen, die sie schon länger als virulent ansahen, tabuisiert werden.

Auch Untersuchungen des John Stuart Mill Instituts über die populistischen Herausforderungen der Demokratie in Deutschland zeigen eine beunruhigende Entwicklung, die weiterhin anhält. So herrscht eine ausgeprägte Skepsis gegenüber dem Prinzip der Repräsentation, wenn 68 Prozent der Bevölkerung wünschen, dass Politiker den Volkswillen unmittelbar umsetzen, während nur 27 Prozent der Meinung sind, Politiker sollen in ihren Entscheidungen nicht automatisch dem Mehrheitswillen, sondern dem eigenen Gewissen folgen.

Beunruhigend ist auch die in den letzten Jahren deutliche Zunahme der Verächtlichmachung von Politik. Immerhin 39 Prozent sagen, „Politiker haben keine Ahnung, das könnte ich besser machen"; bei der AfD glauben dies sogar 64 Prozent. Dieses Misstrauen setzt sich fort in den Zweifeln an der Bereitschaft von Politikern, den Wählern zu dienen und die Interessen der Bevölkerung zu vertreten. 43 Prozent unterstellen, Politiker verfolgten andere Interessen, zum Beispiel die eigenen, Partei-, Wirtschafts- oder Lobbygruppeninteressen.

Das Misstrauen in die Akteure der politischen Klasse ist also groß, und es setzt sich im Argwohn gegenüber den Abgeordneten fort: Nur 25 Prozent der Bürger glauben, Abgeordnete wüssten über die Sorgen der Bevölkerung und darüber Bescheid, was sie bewegt. Den Spitzenkräften der Wirtschaft wird allerdings noch weniger Vertrauen entgegengebracht, nur 11 Prozent, während Journalisten immerhin 33 Prozent vertrauen. (Ackermann 2015, 2016, 2017)

Wir haben es demnach mit einer veritablen Krise der Repräsentation in der liberalen Demokratie und mit einer Krise des Parteiensystems insgesamt zu tun. Skepsis und mangelndes Vertrauen in das politische Personal, in die Elite, also auch in Leistungs- und Funktionsträger aus Wirtschaft und Medien, sind nicht nur an den rechten und linken Rändern der Gesellschaft zu beobachten, sondern reichen weit hinein in die bürgerliche Mitte. Für wesentliche Probleme, die Bürger umtreiben, etwa im Feld der Migration, der Integration, der Klimapolitik, der Bildung und der inneren Sicherheit, haben die beiden „Noch-Volksparteien" in der bisherigen Großen Koalition keine überzeugenden Lösungen geliefert. Der zeitweise politische Kontrollverlust während der Flüchtlingskrise hatte den Hype für die AfD befördert und sie in den Bundestag gebracht.

Die Erosion der politischen Mitte

Die Abstrafung der alten Volksparteien durch die Wähler in der Bundestagswahl 2017 war deutlich: Seit 1949 hatten beide Parteien kein solch schlechtes Wahlergebnis. Waren CDU/

CSU und SPD 1994 zusammen noch auf 78 Prozent gekommen, brachten sie es in der letzten Bundestagswahl gerade noch auf rund 53 Prozent! Zur Folge hatte dieser dramatische Bedeutungsverlust, dass bisher übliche Koalitionsoptionen mit den kleinen Parteien zurzeit nicht auf der Agenda stehen.

Das schlechte Abschneiden und die Erosion der Volksparteien in Deutschland haben allerdings nicht nur mit schlechter Politik und internen Krisen hiesiger Parteien zu tun, denn das Phänomen ist europaweit zu beobachten. Die Gründe liegen tiefer: in soziokulturellen Verwerfungen alter, gewachsener Strukturen. Die Herausbildung klassischer Volksparteien hatte ursprünglich etwas mit sozialen Klassen zu tun: Aristokraten, Bürger, Bauern, Arbeiter orientierten sich jeweils entsprechend ihrer sozialen Schicht, Weltanschauung und Religion an einer Partei ihrer Wahl. So entstand die klassische Parteienfamilie in Deutschland: Christdemokraten, Sozialdemokraten, Liberale. Erst später kamen die Grünen hinzu, die Schnittmengen mit der Linkspartei und den Liberalen aufweisen, vom Kernthema Ökologie mal abgesehen. Diese ursprüngliche Verbindung von sozialer Zugehörigkeit und politischer Orientierung hat inzwischen ökonomisch wie kulturell wesentlich an Bedeutung verloren. Die Arbeiterklasse ist verschwunden, was eine Verzwergung der Sozialdemokratie zur Folge hat. Und das Bürgertum, alte und neue Mittelklasse, reicht inzwischen vom Lehrer, über den aufstiegswilligen Angestellten bis zum Manager. Die gesellschaftliche Mitte ist also immer breiter geworden und entsprechend buhlen die Parteien im Wettbewerb um diese Wählerklientel: Alle wollen das Zentrum der politischen Mitte repräsentieren. Das hat aber zur Folge, dass die Profile der Parteien weltanschaulich immer indifferenter werden und sich angleichen. In den parteiinternen Debatten auf der Suche nach Orientierung ist immer wieder vom Verlust des je eigenen oder ehemaligen „Markenkerns" die Rede. Der Parteienforscher Franz

Walter spricht deshalb von einer „normativen Ausblutung"
der Volksparteien. Auch der Politiker Norbert Röttgen warf
seiner CDU eine „geistige Entleerung" vor. Der politische
Kampf um die breiter gewordene Mitte hatte für die Parteien
den Abschied von Kernüberzeugungen, Destabilisierung und
schließlich den Verlust an Überzeugungskraft nach innen wie
nach außen zur Folge. Orientierungslosigkeit und mangelnde
Zukunftsprojekte sorgen nun dafür, dass die Mitglieder de-
motiviert sind und kein Engagement mehr entwickeln. Wenn
alle um die Mitte buhlen und sich dort versammeln, gibt es
keinen Wettbewerb der Ideen mehr, die Profile und Konturen
der Parteien erscheinen blass und kraftlos. Warum sollten sie
dann noch für die Wähler interessant und attraktiv sein?

Wenn zudem Volksparteien relevante gesellschaftliche
Stimmungen und Konflikte nicht mehr wahrnehmen können
oder wollen, sie ignorieren oder tabuisieren, brauchen sie sich
über ihren Bedeutungsverlust und die Radikalisierung der
politischen Ränder nicht zu wundern. Wenn sie obendrein
die Alternativlosigkeit politischer Wege predigen, öffentliche
Debatten darüber zum Schweigen bringen wollen und nicht
den Mut haben, eigene Fehler und Irrtümer einzugestehen,
befeuern sie geradezu die Politikverachtung und das Misstrauen in die politischen Akteure.

Die westlichen Industriegesellschaften haben sich über
Jahrzehnte in Dienstleistungsgesellschaften verwandelt, was
insbesondere für die Sozialdemokratie gravierende Folgen
hatte. Sie hat sich von der Arbeiterpartei in eine Partei des öffentlichen Dienstes, der Staatsdiener gewandelt. Doch ein Teil
der Mitgliedschaft, gerade viele Junge, wollen wieder an die
alte, linke ideologische Tradition anknüpfen. Der andere Teil
will weiter den Weg in die Mitte beschreiten und vor allem
an der Macht beteiligt sein. Ob sich diese Partei nach ihren
dramatischen Vertrauens- und Führungskrisen wieder stabilisieren wird, ist ungewiss – der Strategiekonflikt bleibt nach

wie vor ungelöst. Ob der Ende 2019 vollzogene Schwenk nach links zu einer Politik, die an eine Zeit vor der Reformpolitik Gerhard Schröders und seiner Agenda 2010 anknüpft, der gebeutelten Sozialdemokratie helfen wird, ist mehr als fraglich. Schaut man sich die Wertschätzung der Partei Die Linke an, so hat sie in den letzten Jahren keine Stimmenzuwächse verbuchen können und bleibt im Westen der Republik bei unter 10 Prozent, auch wenn sie im Osten als Nachfolgepartei der SED noch stärker geblieben ist.

Eine neue programmatische Ausrichtung, die den gesellschaftlichen Herausforderungen entspräche, ist nicht in Sicht. Stattdessen läuft das Personalkarussell emsig weiter. Die SPD hat innerhalb von neun Jahren sechs Parteivorsitzende verschlissen. Inzwischen sanken die Umfragewerte der einstmaligen Volkspartei auf 11 Prozent ab. Für Regierungsbeteiligungen in einer zwecks Machterhalt kommod gewordenen Großen Koalition ist sie damit irrelevant geworden.

Die CDU unter der Führung Angela Merkels wurde in den letzten Jahren sozialdemokratischer und grüner und hat sich immer stärker von ihrem konservativen Markenkern entfernt. Ob die neue Parteivorsitzende Annegret Kramp-Karrenbauer die weiter schwelenden politisch-ideologischen Konflikte wird befrieden können, ist ungewiss. Sie bemüht sich um Authentizität, vermittelt aber den Eindruck einer emsigen Sozialingenieurin, die in einem kleinen Bundesland reüssierte, der es jedoch an Innovationskraft und neuen Ideen mangelt. Als Kanzlerin können sie sich viele gar nicht vorstellen. Im konservativen Feld der CDU hat sich eine „WerteUnion" gegründet und ein „Konservatives Manifest" formuliert mit dem Ziel, die AfD überflüssig zu machen. Der Streit darüber, ob es klug sei, die rechte Flanke zu schließen, das heißt, eine politische Kraft rechts von der CDU möglichst zu integrieren oder sie in Gestalt der AfD einfach gewähren zu lassen, hält weiter an. Ein Teil möchte die AfD-Wähler zurückgewinnen, ein anderer Teil weiterhin die moderne Mitte besetzen. Das Problem hat sich dramatisch zugespitzt, denn die AfD hat die CDU in Ostdeutschland, besonders in Sachsen und Thüringen, inzwischen bei den Wählern überrundet.

Diese innere Zerrissenheit spiegelte sich natürlich auch in der Großen Koalition wider: Kluge Antworten und Taten, die beherzt die Herausforderungen der Einwanderung, der demografischen Lage, des Klimawandels, der Digitalisierung und Bildung angehen, sind rar geblieben. Selbst mitten in einer wirtschaftlichen Hochkonjunktur kritisieren die Bürger eine bröckelnde Infrastruktur. Im Alltagsgespräch ist die dysfunktionale Deutsche Bahn zum Sinnbild für den Zustand der Republik geworden. Nach außen, so es nötig sein sollte, könnte sich das Land keineswegs behaupten. Die Bundeswehr ist in einem katastrophalen Zustand und nicht einsatzfähig. Regierungsmaschinen haben ständig Pannen, Reparaturen sind scheinbar nicht möglich, stattdessen werden neue VIP-Maschinen angeschafft. Die Bevölkerung ist erbost über den Zustand der Schulen, Hochschulen fühlen sich überfordert und alle Verbände im Bildungsbereich und den Wissenschaftsorganisationen sind fassungslos, dass angesichts dieser Bildungsmisere nichts passiert.

Auch der Rechtsstaat könnte in den Augen der Bevölkerung robuster sein – gerade nach den Erfahrungen des staatlichen Kontrollverlusts im Zuge der Migrationskrise. Auch wenn vieles in den Bereich der Länder und Kommunen fällt, erwarten die Bürger von ihrer Regierung mehr Einsatz für eine gelingende Migrationspolitik, die offensiv die Schwierigkeiten der Integration angeht und erfolgreiche Lösungen für abgelehnte Asylbewerber findet. Kriminelle Großfamilien treiben weiter ihr Unwesen in den Städten, terroristische Gefährder werden mangelhaft überwacht, weil es an Polizisten fehlt – und dies seit Jahren. Auch die Justizbehörden kämpfen mit Personalengpässen, weil niemand mehr Richter werden will. Trotz anhaltender terroristischer Bedrohungen und der Zunahme extremistischer Gewalttaten ist die Zusammenarbeit der Sicherheitsdienste auf nationaler und europäischer Ebene in einem desolaten Zustand.

Wenn die innere Sicherheit real und als politisches Feld derart angekratzt ist, wächst das Misstrauen gegenüber den Verantwortlichen in der Regierung noch weiter. Da reicht es zum politischen Überleben der beiden Altparteien in den nächsten Wahlen womöglich nicht mehr aus, großzügig sozialpolitische Wohltaten zu verteilen, wie es die Große Koalition emsig betrieben hat, und nun die Klimarettung prominent auf die Agenda zu setzen. Der Vertrauensverlust sitzt viel tiefer.

Zu Beginn ihrer erneuten Amtszeit 2017 hatte die Koalition als Erstes ihre Beamtenschar um 200 gut dotierte Posten erweitert. Und trotz der verheerenden Wählerstimmenverluste beschlossen CDU und SPD im Sommer 2018 im Handstreich eine Erhöhung der staatlichen Parteienfinanzierung um 15 Prozent, das heißt um 25 Millionen Euro. Im Windschatten der Fußballweltmeisterschaft erhöhten die Großkoalitionäre dann auch noch die Finanzierung der parteinahen politischen Stiftungen in ähnlicher Größenordnung – worüber sich auch die AfD freuen konnte. Die Finanzierung der Parteien und ihrer Stiftungen vonseiten der Steuerzahler steht ausdrücklich in Korrelation zu der Zustimmung, die sie vonseiten der Wählen erhalten. Das hieß bisher, wenn sie Stimmen verloren und in der Wählergunst sanken, gab es auch weniger staatliches Geld. Stattdessen erhöhten die Parteien der Großen Koalition die Summen nun und setzten sich dreist über jene Wähler hinweg, die ihre Politik abgestraft hatten. Damit beschleunigten sie auf ungeheuerliche Weise die bereits bestehende Politikverachtung und den Vertrauensverlust gegenüber den Volksparteien.

Eine weitere Aktion, die dem Politikverdruss und der Schwächung des Parlaments nur allzu dienlich gewesen ist, war eine Reform der Geschäftsordnung im Bundestag, welche die Große Koalition gegen den Widerstand der Oppositionsfraktionen durchsetzte. Die Rede ist von der Änderung der Geschäftsordnung für den Bundestag in Hinblick auf die Regierungsbefragung. Zwar erscheint die Bundeskanzlerin weiterhin drei Mal im Jahr vor dem Bundestag und darf befragt werden. Es ist nun aber festgeschrieben, dass die Anwesenheit von einem Minister der Regierung für die Befragung genügt und darüber hinaus auch Parlamentarische Staatssekretäre antworten können. Das jedoch verwässert den Unterschied zwischen der gewöhnlichen Fragestunde und der Regierungsbefragung erheblich. Damit musste der Eindruck entstehen, dass die Regierungsmitglieder dem Bundestag offensichtlich nicht wirklich Rede und Antwort stehen wollen. Auch vermeiden sie auf diese Weise eine direkte und eine öffentliche Konfrontation mit der parlamentarischen Opposition, was eigentlich eine Selbstverständlichkeit in modernen Demokratien sein sollte und in den Parlamenten der Nachbarländer seit Langem gang und gäbe ist.

Auch die immense Aufblähung des Bundestags wegen der Überhangmandate auf mittlerweile 709 Abgeordnete ist dem Vertrauen in ein funktionierendes Parlament nicht förderlich. Es ist inzwischen das größte in der demokratischen Welt, und dennoch blockiert vor allem die CDU seit Jahren eine Reform. Der Eindruck, dies diene vornehmlich der Selbstversorgung und dem eigenen Machterhalt, ist unvermeidlich.

Der Staatsrechtler Christoph Schönberger von der Universität Konstanz spricht angesichts dieser verschiedenen Machenschaften von der Beschädigung elementarer Regeln der Demokratie durch die Große Koalition. Mittelfristig leistet dies einer Delegitimierung der demokratischen Ordnung und ihrer Institutionen Vorschub. Und all dies ist Wasser auf die Mühlen antiparlamentarischer Kräfte und untergräbt das Vertrauen in die Politik und ihre Akteure noch weiter.

Aufbegehren gegen Althergebrachtes

Inzwischen hat die sechs Jahr lang amtierende Große Koalition abgewirtschaftet, sie ist zerrieben in inneren Kämpfen, ausgelaugt und ideenlos. Jahr für Jahr hat sie in der Bevölkerung an Unterstützung verloren und hätte längst keine Mehrheit mehr bei Wahlen. Vor allem haben SPD und CDU auf dem Weg nach unten die Jugend verloren, der lange unterstellt wurde, sie sei völlig unpolitisch. Und nicht nur in Deutschland sind solche Tendenzen zu beobachten: 70 Prozent der Jugendlichen in Europa misstrauen laut einer großen Sinus-Studie im Jahr 2017 der Politik.

In ihrer gesamten Amtszeit haben die Großkoalitionäre eine Politik zu Lasten zukünftiger Generationen gemacht und sind entsprechend für die Jugend immer unglaubwürdiger geworden. Die Politik der Staatsverschuldung floss in den Ausbau des Sozialstaats und nicht in Strukturreformen oder in die Förderung von Innovation und Wagemut. Die junge Generation wird dies bei fortschreitender Überalterung der Gesellschaft später zu zahlen haben. Und beide Altparteien haben die Digitalisierung verschlafen – ein Fehler, den Digital Natives nicht verzeihen. Das berührt den Infrastrukturausbau für die Digitalisierung ebenso wie die Anwendung des neuen Mediums und das Handeln im Internet.

Dass sich die Wut junger Leute auf Kanälen im Internet wie etwa Youtube entlädt, die sie viel besser beherrschen und handhaben als die altgedienten Volksvertreter, verwundert deshalb nicht. Der spektakuläre Erfolg des jungen Influencers und ökonomisch erfolgreichen Werbefachmanns Rezo, der mit seiner zornigen Rede ans virtuelle Volk über die „Zerstörung der CDU" und mit gemäßigter Kritik an der SPD kurz vor der Europawahl 13 Millionen Klicks erhielt, zeigt diese Lücke der politischen Repräsentation und den Vertrauensverlust der alten Parteien vortrefflich. Es spiegelt natürlich auch den aktuellen Strukturwandel der Öffentlichkeit und die sich verändernden Prozesse politischer Meinungsbildung wider.

Der Medienwissenschaftler Bernhard Pörksen sagte völlig zu Recht: „Die Taktiken im Umgang mit Rezo – sie reichen von draufhauen, Regeln fordern bis zur ungefragten Umarmung – stammen aus der Vergangenheit des Gatekeeper-Zeitalters. Es sind die Reaktionsformen einer Macht, die im Interregnum der digitalen Gegenwart so angreifbar geworden ist wie nie zuvor. Und heute lässt sich eine erlebte Repräsentationskrise, ganz gleich, ob es um das Klima- oder das Flüchtlingsthema geht, nicht mehr tabuisieren, weil unabweisbar geworden ist, was andere darüber glauben und denken. Und wenn man eine Tabuisierung dennoch versucht, dann bilden sich sehr schnell über Nacht mediale Gegenöffentlichkeiten." (Pörksen 2019)

Längst gibt es neue Wortführer in Debatten, die über ihre Follower, sei es bei Facebook oder über Youtube und Twitter, und durch einen Schneeballeffekt ein weitaus größeres Publikum erreichen als intellektuelle Stellungnahmen in politischen Feuilletons oder Statements aus Parteizentralen. Siebzig weitere Influencer folgten Rezos Beispiel und bliesen im Netz ins gleiche Horn. Schlichtweg hilflos waren die Reaktionen der Attackierten und schnell entbrannte ein neuer Streit über die Meinungsfreiheit im Netz und die Notwendigkeit von neuen Regeln und Regulierungen. Diese Kluft zwischen den Generationen hatte sich bereits im Zusammenhang mit dem Netzwerkdurchsuchungsgesetz und den Neuregelungen des Urheberrechts aufgetan.

Auch der Erfolg der umtriebigen Schwedin Greta Thunberg, die als große Heldin im Kampf gegen den Klimawandel gefeiert wird, und die europaweite Mobilisierung der Schüler in der außerparlamentarischen Bewegung „Fridays for Future" zeigen, dass die Volksparteien die Jugend vergessen hatten. Entsprechend profitieren besonders in Deutschland die Grünen nun von den Stimmen der Jungen. Obwohl seinerzeit Angela

Merkel für die Energiewende und den abrupten Atomausstieg verantwortlich zeichnete, konnte die CDU ebenso wenig wie die SPD von einer positiven Besetzung des Themas und dessen Bindekraft profitieren. Zumal die Große Koalition keine kohärente Klimapolitik entwickelte und immer nur ein in sich widersprüchliches Stückwerk lieferte. Es blieb bis jetzt das Leib-und-Seele-Thema der Grünen mit entsprechend großer Mobilisierungskraft. Die Partei kommt in Großstädten inzwischen auf 30 Prozent und die unter Dreißigjährigen wählten in der Mehrheit grün. Die teils dümmlichen Belehrungen der jungen Aktivisten vonseiten anderer Parteien verstärkte nur ihren Groll über deren Worthülsen und ignorante Überheblichkeit. Bei den Grünen hingegen fühlt sich die jüngere Generation offensichtlich wertgeschätzt und ernst genommen, insbesondere in der Klimafrage, der sich die Ökopartei seit Langem stellt. Der teils apokalyptische Ton und das penetrante Alarmschlagen vor dem Weltuntergang ist offenbar für die Generation unter dreißig nicht abstoßend, sondern vielmehr attraktiv. Es bedient ein Politikverständnis, in dem jeder auf seine Weise zur Rettung der Welt und zugleich zur eigenen beitragen kann.

Doch nicht nur bei der Jugend finden die Grünen Anklang als ehemalige Protestpartei, die in weiten Teilen sogar ihren Frieden mit dem Kapitalismus gemacht hat, sondern sie repräsentieren inzwischen eine neue soziale Mitte. Auch die kosmopolitischen urbanen, liberalen Eliten, die sich das Wohnen in teuren Großstädten erlauben können, wählen grün. Sie teilen deren Werte, haben Abschied von traditionellen Familienbildern genommen und keine Schwierigkeiten mit der Umwälzung und Flexibilisierung der Arbeitswelt. Zugleich sind die Grünen in der Lage, selbst wertkonservative Klientel zu bedienen. Der amtierende baden-württembergische Ministerpräsident Winfried Kretschmann verkauft beispielsweise erfolgreich ein Büchlein, in dem er für eine „neue Idee des

Konservativen" wirbt mit dem Titel „Worauf wir uns verlassen können." (Kretschmann 2018)

In den Europawahlen 2019 flossen den Grünen aus allen Parteien Stimmen zu, von SPD und CDU rund 2,5 Millionen Stimmen. Sie sind auf dem Weg zur neuen Volkspartei und haben mit 27 Prozent in Umfragen bereits die CDU überrunden können. Offensichtlich gefällt auch das Führungsduo: eine geschickte Rollenverteilung zwischen der smarten, jungen und frechen Annalena Baerbock und dem sich bedächtig gebenden und intellektuell auftretenden Robert Habeck. Er sieht aus wie der Bergdoktor aus einer ZDF-Serie, und entsprechend fliegen ihm die Herzen der Deutschen zu.

Im Gegensatz zum wachsenden Erfolg der Grünen konnte die FDP nur kurz mit dem stattlichen Wiedereinzug von 12 Prozent in den Bundestag 2017 von den Erosionsprozessen der beiden großen Volksparteien profitieren. Große Hoffnungen lagen auf dem Vorsitzenden Christian Lindner. Er wurde für den Erneuerungsprozess der liberalen Partei, den er auf den Weg gebracht und begleitet hatte, und für ihre Verjüngungskur gefeiert. Doch die Weigerung der FDP, Regierungsverantwortung in einer Jamaika-Koalition zu übernehmen, schadete ihr massiv, und seither verlor sie kontinuierlich an Ansehen in der Bevölkerung. Jenes Momentum, das eine Wiederbelebung des politischen Liberalismus ermöglicht hätte und das ihr die Wähler eingeräumt hatten, hat die FDP nach dem Einzug in den Bundestag nicht genutzt. Obwohl sie neue Wählerschichten über ihr übliches Klientel hinaus erreicht hatte, gerade im Bildungsbürgertum und in Wählergruppen, die vormals grün gewählt hatten. Auch die Rückkehr zur Oppositionsrolle konnte den Niedergang nicht aufhalten: Weiterhin verlor die FDP an Sympathie und Zuspruch der Wählerschaft. Bei den Europawahlen kam sie gerade noch auf 6 Prozent, womit sie wieder auf eine marginale Größe geschrumpft ist.

Überkommene Organisationen und schillernde Neulinge

Wo bleibt das agile Politikmanagement?

Doch nicht nur die Krise der demokratischen Repräsentation setzte den alten Volksparteien zu. Auch ihre schlechte innere Verfassung – programmatisch wie personell – sorgte für Verdruss bei den Wählern. Die SPD lieferte mit ihren Personalwechseln in den Führungsgremien über die letzten Jahre besonders abschreckende Einblicke in die Misere. Die Unlust der Bürger, die beiden ehemals so großen Parteien zu wählen, ist nicht nur wegen anhaltender personeller Querelen gewachsen. Schuld daran sind vielmehr die Parteiorganisation selbst und die innewohnenden Strukturen und Mechanismen. Sie sind so unattraktiv geworden, dass es ihnen nicht mehr gelingt, längerfristig Bürger an sich zu binden, um sich innerhalb der Partei zu engagieren. Mitte der 1970er- bis Ende der 1980er-Jahre hatten SPD und CDU noch um die 1,7 Millionen Mitglieder. 2016 waren sie schon auf die Hälfte geschrumpft, und es geht weiter bergab. Dabei handelt es sich freilich um eine Entwicklung, die auch andere große, behäbige und wandlungsresistente Institutionen in der Gesellschaft trifft wie etwa die Staatskirchen, die Gewerkschaften, Verbände aber auch große Unternehmen. Dieser Trend ist in allen Nachbarländern ebenfalls zu beobachten.

Die innere Ordnung der Parteien, die politischen Aufstiegsmechanismen und Hierarchien sind längst nicht mehr zeitgemäß und innovativ. Sie entsprechen nicht mehr dem Reifegrad der Bürger und den Individualisierungs- und Modernisierungsprozessen in der Gesellschaft. Da überzeugt auch niemanden ein eilig aufgepepptes buntes Marketing und neues Design, wenn Inhalte, Personal, interne Strukturen und soziale Mechanismen schwerfällig, hierarchisch und altbacken bleiben. Was sich in der Wirtschaft unter den Stichwörtern Agilität oder Disruptive Thinking langsam herumspricht und beginnt, sich zaghaft durchzusetzen, gewissermaßen Demokratisierungsprozesse zur Steigerung der Effektivität, scheint in den alten Volksparteien noch nicht angekommen zu sein. Ja-Sager und Kofferträger, die sich in einer regelrechten Ochsentour hochdienen, sind jedoch nicht unbedingt Köpfe, die mit eigenwilligen Ideen brillieren und neue Wege beschreiten. Wenn also Buckelei, Ellbogenmentalität und zähe Seilschaften die Hauptkriterien für den Aufstieg in Parteien sind, braucht man sich über Ideenlosigkeit, mangelnde Innovationskraft und Mittelmäßigkeit des politischen Personals nicht zu wundern. Von einem Wettbewerb der Ideen oder der Durchsetzung des besten Arguments keine Spur! Und unkonventionelle Quereinsteiger ohne Stallgeruch, werden, so sie überhaupt eine Chance haben, eher als Störenfriede angesehen.

Parteien wollen in der Regel das Bild von Geschlossenheit, Einigkeit, Stabilität und Kontinuität vermitteln. Also das Gegenteil von Dissens, Konflikt, Skepsis und dem Infragestellen alter Gewissheiten. Obwohl all dies gerade der Antrieb für Fortschritt, für neue Ideen und Wege, für Innovation ist, gibt es einen ausgeprägt antiintellektuellen Affekt in der politischen Klasse. Die Angst ist dort groß, dass eigensinnige Querköpfe und Avantgardisten, so sie den steinigen Weg in die Politik überhaupt gewagt haben, aus der Reihe tanzen und Partei- und Fraktionsdisziplin untergraben könnten. Oder aber, dass sie als Störenfriede politische Prozesse verlangsamen, womöglich zu komplex auf komplexe Herausforderungen reagieren könnten. Nur im Notfall, der in der politischen Landschaft der EU inzwischen allerdings häufiger als früher eintritt, holt man sich Rat von außen und Experten in eine technokratische Übergangsregierung. Sobald die Machtverhältnisse jedoch wieder stabil sind, verschwindet dieses Personal in der Regel wieder von der politischen Bühne.

Neue Polit-Stars

Aus denselben Gründen erscheinen in fast allen Ländern der EU die alten Volksparteien, so sie noch existieren, ambitionslos, nur an ihrem Machterhalt interessiert, ihre Klientel bedienend, in Vetternwirtschaft verstrickt oder gar mitten im Korruptionssumpf steckend. Und ihr Führungspersonal ist, wenn überhaupt, mittelmäßig: eine sich selbst reproduzierende Kaste, die sich gegen Kritik immunisiert, indem sie diese gern als „Populismus" brandmarkt.

Schaut man sich die Führungsfiguren der europäischen populistischen Bewegungen und Parteien an, fällt sofort ihre Neigung zur Exzentrik auf – nicht nur aufgrund ihrer zugespitzten Rhetorik, die häufig auf Krawall aus ist. Sie sind – sieht man von solch alten Schlachtrössern wie Viktor Orbán in Ungarn oder Jarosław Kaczyński in Polen oder Marine Le Pen in Frankreich ab – das Gegenteil von jenen braven Parteisoldaten, wie sie die Volksparteien hervorbringen. Es sind originelle und zuweilen schrille Persönlichkeiten, die bei den Wählern beliebt sind, gerade weil sie keine Berufspolitiker mit entsprechenden, vermeintlichen Qualitäten sind.

In Prag wurde, trotz Betrugsverdacht, Andrej Babiš, einer der reichsten Unternehmer Tschechiens, Ministerpräsident – auch wenn inzwischen wieder massenhaft gegen ihn demonstriert wurde, weil er im Korruptionssumpf steckt. In der Ukraine gewann der Berufskomiker Wolodymyr Selenskyj seinen Wahlkampf gegen korrupte Machtcliquen und die alte politische Klasse und wurde neuer Präsident, ohne über eine eigene Partei zu verfügen. Seine erste Amtshandlung war die Auflösung des Parlaments und die Entlassung aller Profis aus der alten Regierung – ein gewagter Kamikaze-Akt.

Auch Alexis Tsipras und sein Linksbündnis Syriza konnten sich anfangs in Griechenland gegen die alten Volksparteien, die linke PASOK und die konservative Neo Demokratia, durchsetzen. Unterstützt wurde er von dem smarten linken Wirtschaftsprofessor Janis Varoufakis, der dann zeitweilig Wirtschaftsminister des hoch verschuldeten Lands während der dramatischen Verhandlungen mit der EU in der Euro-Krise war. Doch nicht nur in seinem Heimatland, sondern auch in den deutschen Medien war der vermeintliche Krisenretter mit seinen kecken und unkonventionellen Auftritten äußerst beliebt.

Pablo Iglesias Turrión, jünger und ebenso unkonventionell, hält sich als Führer der linkspopulistischen Partei Podemos in Spanien stabil. Und auch Beppe Grillo, der sich inzwischen aus der von ihm gegründeten linken Partei Movimento 5 Stelle zurückgezogen hat, war eine schillernde Gestalt, von Hause aus Schauspieler und Komiker. Sein Nachfolger an der Spitze, Luigi Di Maio, der gefeierte „Sohn Neapels", hat es inzwischen in die italienische Regierung geschafft. Links- und Rechtspopulisten, angeführt von dem polternden Führer der Lega Nord, Matteo Salvini, bildeten für kurze Zeit in Italien eine Koalitionsregierung. Auch hier sind die beiden großen Volksparteien untergegangen.

Exzentrische Persönlichkeiten sind auch in Großbritannien sehr beliebt. Insbesondere nach dem Totalversagen der Tory- und der Labour-Partei, welche die älteste Demokratie der Welt mit ihrer Unfähigkeit, den 2016 per Volksentscheid beschlossenen Brexit zu realisieren, schwer beschädigt haben. Das damit eingeläutete Desaster hat das gesamte politische Gefüge des Vereinigten Königreichs ins Wanken gebracht. Davon profitierten einige Zeit solch schillernde Figuren wie der Brexiteer Boris Johnson. Als Premierminister verfügt er jetzt dank des Mehrheitswahlrechts und trotz seiner aberwitzigen Versuche, das Parlament auszuhebeln, über eine absolute Mehrheit. Er wird nun den Brexit umsetzen.

In Frankreich ist, neben der erfolgreichen und zur Präsidentenpartei mutierten Bewegung La République en Marche die linke Sammlungsbewegung La France Insoumise unterwegs, geführt von dem krawalligen, ehemaligen Trotzkisten Jean-Luc Mélenchon. Bei der Präsidentschaftswahl 2017 kam der studierte Philosoph und Literaturwissenschaftler immerhin auf 19,58 Prozent der Stimmen, fiel allerdings in der Europawahl wieder ab. An dieser Bewegung orientierte sich auch der deutsche Versuch namens „Aufstehen", den die ehemalige Vorsitzende der Linkspartei, Sahra Wagenknecht, auf den Weg brachte. Die populäre Politikerin, die, bevor sie sich zurückzog, gern gesehener Gast in Talkshows war, wollte unter diesem Namen verschiedene linke Strömungen versammeln, was ihr die eigene Partei recht übel nahm. Der Kölner Soziologe und langjährige Direktor des Max-Planck-Instituts für Gesellschaftsforschung, Wolfgang Streeck, ist einer der wenigen prominenten Intellektuellen, der diese Bewegung mit Rat und Tat unterstützt. Er hat sich selbst schon länger mit der Krise der Demokratie und den Volksparteien beschäftigt. Aufstehen verknüpft sehr geschickt klassisch linke Kapitalismuskritik mit eher konservativen gesellschaftspolitischen Argumenten. In ihren Positionen zur Einwanderung setzen sie auf die nationale Karte und sind damit eher in der Nähe der CSU. Nationale und sozialistische Elemente verschränken sich bei ihnen.

La Rébublique en Marche

Es lohnt sich, noch einmal einen genaueren Blick auf Frankreich und die Präsidentenpartei zu werfen. Könnten wir uns vorstellen, bei uns einen deutschen Minister in der Regierung zu haben, zu dessen Qualifikationen es zählt, Émile Zola ins Deutsche übersetzt zu haben? In Frankreich hat es funktioniert. Wohl nicht zuletzt, weil mit Emmanuel Macron erstaunlicherweise ein Intellektueller Staatspräsident geworden ist – eine große Ausnahme in der politischen Landschaft. Im Jahr der Präsidentschaftswahl war er gerade vierzig geworden. Anfangs als größenwahnsinniger, junger Spinner belächelt, kann er mit einer satten Mehrheit seiner neuen Partei La République en Marche regieren und reformieren. Auch wenn die französische Gesellschaft gespalten ist und rechte und linke politische Ränder dazu gewonnen haben, wollte ein großer Teil der französischen Bürger aus der gesellschaftlichen, politischen und wirtschaftlichen Erstarrung in eine bessere Zukunft aufbrechen. Die alten, abgetakelten und von Korruption geschüttelten Volksparteien, die über Jahre einen Reformstau produziert hatten, wurden abgewählt und sind inzwischen in der Bedeutungslosigkeit verschwunden. In seiner neu gegründeten, dezidiert lagerübergreifenden Bewegung versammelte Macron Personen aus der konservativen wie der sozialistischen Partei und viele Unabhängige. Er, gewappnet mit Machiavelli, Hegel und Paul Ricoeur aus seinem Studium, war jahrelang im Beirat der angesehenen Zeitschrift *Esprit* auf demokratietheoretischen Pfaden unterwegs. Was ihn nicht davon abhielt, in seiner Karriere Banker und später Wirtschaftsminister bei den Sozialisten zu werden. Auch seine stolz präsentierte Ehe mit der 24 Jahre älteren Première dame und ein unkonventionelles Familienleben sprechen für sein sehr ausgeprägtes Selbstbewusstsein und seinen Wagemut.

Und nicht nur der Präsident überrascht: Macrons Premierminister hat kurz vor seiner Amtsübernahme ein Buch über die große Bedeutung des Lesens für Bildung, Kultur und Emanzipation der Bürger veröffentlicht. Einer der Minister hat Schiller übersetzt und ein anderer ist großer Musikfreund – bereichernd für eine Politik der neuen Wege und Erweiterung der politischen Perspektiven. Sein gesamtes Kabinett spiegelt eine Vielfalt politischer Persönlichkeiten und die Aufkündigung alter politischer Lager wider. Ein Experiment mit offenem Ausgang, aber ein kluger Schritt gegen Politikverdrossenheit. Auch wenn die Bevölkerung ungeduldig wurde und die Bewegung der *Gilets jaunes* mit ihren links- und rechtspopulistischen Strömungen ihm zwischenzeitlich schwer zugesetzt hat. „J'ai compris", rief er, Reue zeigend, der Bevölkerung nach den großen Debatten zu, die er im ganzen Land hatte organisieren lassen. Auch ihm war es nicht gelungen, den unangenehmen Verführungen der Macht zu widerstehen. Arroganz, Verlust der Bodenhaftung, staatsmännische Attitüden wie ein Sonnenkönig, politische Fehler, später eine ungeschickte Personalpolitik hatten seine Gegner von links wie von rechts schon triumphieren lassen. Doch auch große Teile der Bevölkerung waren skeptisch geworden und Macrons Beliebtheit sank. Inzwischen sitzt er wieder etwas fester im Sattel, nachdem er die berühmte Kaderschmiede der französischen Eliten, ENA, geschlossen hat, Reformen des etatistischen und bis dahin undurchlässigen Beamtenapparats angegangen ist und Wirtschaftsreformen fortsetzt. Ob es ihm gelingt, die auch in Frankreich gravierenden gesellschaftlichen Spaltungen zu überbrücken und mit seiner Politik mehr gesellschaftlichen Zusammenhalt zu stiften, ist dennoch ungewiss. Macron ist weiter bemüht, den Aufbruch auf der Agenda zu halten, auch wenn er bei den Europawahlen von der rechtspopulistischen Marine Le Pen überholt wurde. Er hatte sich mit seinem Aufruf zur Wiedergeburt Europas im Wahlkampf gegen nationalistisch-populistische Strömungen in Stellung gebracht und warb für eine Vertiefung der europäischen Integration – was ihm die französischen Wähler nicht dankten. Die ehemaligen beiden Volksparteien der Sozialisten und Republikaner kamen zusammen auf ganze 15 Prozent und sind bedeutungslos geworden. Im Europaparlament wird Macrons Partei in der Familie der Liberalen in Zukunft allerdings eine weit größere Rolle spielen. Denn die Große Koalition der alten Volksparteien aus Konservativen und Sozialdemokraten in Brüssel und Straßburg ist von den europäischen Bevölkerungen – wie bereits in den meisten nationalen Parlamenten auch schon – abgewählt worden.

Österreich, Ibiza und FPÖ

Einen Neuanfang auf allen Ebenen hatte sich auch Sebastian Kurz vorgenommen, als er – durchaus riskant – die behäbige und Jahrzehnte während Große Koalition der ÖVP und der SPÖ aufkündigte und mit seiner eigenen Kurz-Liste zur österreichischen Nationalratswahl 2017 ins Ungewisse startete. Zuvor hatte er genau beobachtet, wie Emmanuel Macron seinen Weg zum Erfolg beschritten hatte. Auch Österreich hatte aufgrund der jahrzehntelangen großkoalitionären Vebandelung von Sozialdemokraten und Konservativen schon lange keine Politik mehr gesehen, die den neuen Herausforderungen angemessen gewesen wäre. Angesichts des Reformstaus wuchs die Unzufriedenheit und die Migrationskrise ließ auch die Alpenrepublik nicht unberührt. Trotz Schließung der Grenzen bekamen die Rechtspopulisten der FPÖ immer mehr Zulauf.

Sebastian Kurz gründete im Unterschied zu Macron keine parteiunabhängige Bewegung, sondern hatte den Ehrgeiz, die Österreichische Volkspartei auf Vordermann zu bringen und sie umfassend zu erneuern. Er trat zur Wahl mit offenen Listen an, auf der viele unabhängige Köpfe ohne Parteibuch kandierten, und er gewann. Dieser Erneuerungsprozess der ÖVP verlief aber naturgemäß nicht ohne Konflikte: Katholisch-konservative, ländliche Parteigruppierungen kollidierten mit liberal-konservativen Milieus in den Städten. Von der Opposition, aber auch aus Deutschland wurde diese Entwicklung skeptisch beäugt – viele zweifelten an Kurz' Reformbemühungen und unterstellten ihm reine Machtgier. Das Ringen um eine Neuausrichtung und Modernisierung der Partei geht weiter. Für die Regierungsbildung war Kurz – ohne die Sozialdemokratie – auf die Rechten, die sich die Freiheitlichen nennen, angewiesen und riskierte eine Koalition mit ihnen. Im linksliberalen Milieu brach ein Sturm der Entrüstung los – obwohl es nicht die erste Koalition in Österreich mit der FPÖ war. Im Burgenland etwa koalieren die Sozialdemokraten mit der FPÖ.

Von Beginn an war die Debatte um die Regierungsbeteiligung der Rechtspopulisten moralisch aufgeladen. Gerade vonseiten der kulturellen Linken stand Kurz unter Beschuss, er mache die FPÖ damit salonfähig und rücke seine eigene Partei samt der ganzen Republik nach rechts und vergifte sie. Und tatsächlich duldete Kurz die Machenschaften des Vorsitzenden Heinz-Christian Strache im rechten Sumpf, sein Liebäugeln mit der rechten Identitären Bewegung mit erstaunlicher Langmut. Auch dass ausgerechnet der ideologische Kopf der FPÖ, Herbert Kickl, das wichtige Ressort des Inneren erhielt und begann, den Rechtsstaat aus dem Innenministerium heraus anzugreifen, kann man Kurz vorwerfen. Sein „Genug ist genug" und die Aufkündigung der Koalition im Frühjahr 2019 kam reichlich spät. Dennoch war es einen Versuch wert gewesen, mit dieser fragwürdigen Koalition den lange andauernden Stillstand des Landes im Korsett der Großen Koalition zu beenden. Und es war ein Versuch, die Rechtspopulisten – immerhin von 25 Prozent der Bevölkerung gewählt – zu zähmen oder gar zu zivilisieren. Dies ist nur in kleinem Maße gelungen, wie die Ibiza-Affäre gezeigt hat. Auch wenn es eine Falle war, in die der damalige Vizekanzler Heinz-Christian Strache und FPÖ-Fraktionschef Johann Gudenus getappt sind, hat das illegal aufgezeichnete Video des gespenstischen Gesprächs dokumentiert, dass die FPÖ und ihr Führungspersonal gerade nicht salonfähig geworden sind. Sie sind spätestens seit ihrem aufgezeichneten Treffen mit der vermeintlichen russischen Oligarchen-Nichte entzaubert – zumal mehrere solcher Begegnungen stattgefunden haben. Die sogenannte Venusfalle war zugeschnappt – und es lag nicht nur am Alkohol. Die beiden FPÖ-Granden haben mit ihren Einlassungen ihr Land verraten und verkauft: Sie boten der russischen Dame die Übernahme der auflagenstärksten Zeitung Österreichs an, um die Meinungshoheit im Land für sich zu gewinnen, und boten ihr im Gegenzug staatliche Großaufträge zur Finanzierung ihrer

Partei an. Das Video dokumentiert, wie beide Herren die Pressefreiheit abschaffen wollen und bereit sind, offen Korruption zu begehen und illegal ihre Partei finanzieren zu lassen. Es war ein versuchter Landesverrat an Russland. Das ist besonders pikant, weil die FPÖ bereits früher ihre Nähe zu Russland und insbesondere Putin gepflegt hat. Eine Ministerin hatte ihn bereits zuvor zu ihrer Hochzeit eingeladen, und in Moskau freute man sich über solche Bekundungen enger Freundschaft umso mehr, als Russland seit Jahren emsig seinen spalterischen Einfluss auf Europa ausbaut und mit der FPÖ immer wieder kooperierte. Wladimir Putins neoimperiale Politik findet nicht nur geostrategisch auf militärischer und ökonomischer Ebene statt. Seine Destabilisierungsversuche und Einflussnahmen in westlichen Wahlkämpfen sind mithilfe des Senders Russia Today und mit Fluten von Social Bots und Fake News im Internet sehr erfolgreich. Einer der ideologischen Chefberater Putins, Alexander Dugin, hat schon vor einiger Zeit den „Dschihad gegen den westlichen Liberalismus" ausgerufen. Neben der selbst gefertigten Propaganda zahlt Putin seit Jahren Millionenbeträge an links- und rechtspopulistische Bewegungen und Parteien in Europa. Ihre Anhänger danken es ihm mit besonderer Wertschätzung seiner Person und seiner Politik der harten Hand. So ist etwa Marine Le Pen in Moskau seit Langem gern gesehener Gast und auch die AfD wird nicht müde, Russland und seinen autoritären Führer zu preisen.

Insofern war die Ibiza-Affäre der österreichischen Rechtspopulisten in ihrer Dreistigkeit womöglich recht erhellend für das allgemeine Publikum und hat veranschaulicht, welche realpolitischen Konsequenzen antiliberale und antiwestliche Ressentiments haben können. In den Europawahlen ist Sebastian Kurz' ÖVP als Siegerin mit deutlichen Zugewinnen hervorgegangen. Allerdings hat die Affäre der FPÖ weniger geschadet als erhofft – sie verlor nur 2,5 Prozent und stellt weiterhin ein relevante Größe in der Bevölkerung dar. Die Sozialdemokraten verloren ebenfalls und mussten ihr schlechtestes Ergebnis in ihrer Geschichte hinnehmen. Der Wahlsieger Sebastian Kurz, den ein Tag nach der Europawahl ein Misstrauensvotum erwartete, ist vom Parlament abgewählt worden, obwohl er in der Bevölkerung sehr beliebt war. Der Rachedurst und die Missgunst seiner beiden Ex-Koalitionspartner war offensichtlich so groß, dass die FPÖ im Bündnis mit der SPÖ den Kanzler auf jeden Fall stürzen wollte. Bei den Neuwahlen im Herbst 2019 baute Kurz den Stimmenanteil seiner Partei aus und koaliert nun mit der Partei der Grünen. Ein neues Experiment beginnt.

Europawahl

Die allseits befürchtete große Welle des Rechtspopulismus in der Europawahl blieb aus, auch wenn sich die bestehenden Gruppierungen – besonders Viktor Orbáns Partei in Ungarn und Polens regierende PIS-Partei, in Frankreich Marine Le Pen, die rechten Gruppierungen in Italien und in Deutschland die AfD – stabilisieren beziehungsweise zulegen konnten.

Nach der Abwahl der beiden größten Volksparteien im europäischen Parlament, die in ihrer großen Koalition seit vielen Jahren die Politik in Brüssel und Straßburg bestimmten und sich gegenseitig die Posten zuschoben, gibt es in Zukunft keine stabilen Mehrheiten mehr. Gewinner der Wahlen waren die Liberalen und die Grünen – vor allem in Deutschland –, die von der gestiegenen Wahlbeteiligung besonders in der jüngeren Generation profitierten. Das neue Parlament ist politisch zersplittert und viel bunter geworden – dem politischen Pluralismus ist dies auf jeden Fall dienlich. Es könnte sogar ein taugliches Mittel gegen Politikverdrossenheit und Europamüdigkeit sein. Auch wenn die Entscheidungsfindung sich in Zukunft schwieriger und zeitraubender gestalten wird und sich neue Kämpfe zwischen dem europäischen Parlament und den nationalen Parlamenten entfachen werden. In der gesamten

EU sind die politischen Lager in Bewegung geraten – ein stoisches „Weiter so" ist gegen die Bürger nicht mehr durchsetzbar.

Forschung zur politischen Vertrauenskrise

Europa gleicht einem Laboratorium, das in Windeseile ständig neues empirisches Material liefert, mit dem sich Politik- und Sozialwissenschaftler auseinandersetzen, es aufbereiten und deuten. Die Krise der Volksparteien, die Ursachen des Populismus und die Folgen für die Demokratie werden in der Politik- und Sozialwissenschaft seit geraumer Zeit unterschiedlich analysiert und bewertet. Leider findet der Austausch dieser Argumente hauptsächlich auf Konferenzen in der akademischen Arena oder in entsprechend anspruchsvollen Monatszeitschriften statt und gelangt selten in die breitere Öffentlichkeit. Nur manchmal landet eine kluge Einlassung in einer Tageszeitung, und in den üblichen Talkrunden sucht man kluge Köpfe dieser Zunft vergebens, sofern sie nicht gerade Wahlforscher sind – obwohl Intellektuelle, die sich professionell mit politischen und sozialen Verwerfungen beschäftigen, für die allgemeine Debatte, in der sich die Gesellschaft jenseits des akademischen Feldes über sich selbst verständigt, sehr bereichernd wären. Der französische Philosoph und Demokratietheoretiker Claude Lefort hat immer wieder die Notwendigkeit dieser Kontroversen hervorgehoben, denn die Demokratie basiert auf der Legitimität „einer Debatte darüber, was legitim und was illegitim ist". (Lefort 1988) Auch wenn diese Debatten natürlich keinerlei Garantien für gute Lösungen bieten und ergebnisoffen und ungewiss sind.

Weitgehend einig ist man sich bei den Sozial- und Politikwissenschaftlern darüber, dass sich eine grundlegende Veränderung der Parteienlandschaft vollzieht. Die Ursachen dafür werden allerdings unterschiedlich gewichtet. Auch die

Schlussfolgerungen, wie man der Krise der Demokratie begegnen sollte, unterscheiden sich zum Teil markant. Ist es vor allem eine Krise der Repräsentation auf politischer Ebene? Geht es heute in der politischen Orientierung und Zuordnung vor allem um Werte und Moralpolitik jenseits materieller Interessen? Oder sind ökonomische Kriterien noch immer der ausschlaggebende Faktor?

Früher standen sich hauptsächlich zwei politische Lager gegenüber und die Wähler und Mitglieder sortierten sich entlang vornehmlich ökonomischer Konfliktlinien. Die eine Seite, so der Politikwissenschaftler Armin Schäfer von der Universität Osnabrück, wollte mehr Staat, Regulierung und Umverteilung und war links zu verorten. Die andere Seite, von liberal, konservativ bis rechts reichend, forderte mehr Markt, weniger Regulierung und Umverteilung. Diese Links-Rechts-Achse diente nicht nur den Parteien als Orientierung, sondern auch den Bürgern bei ihrer Selbsteinordnung. Seit den 1970er-Jahren aber hat sich neben der ökonomischen Konfliktachse eine kulturelle herausgebildet, auf der „postmaterielle Werte" verhandelt werden. Das ging einher mit der Entstehung neuer sozialer Bewegungen und der Gründung der Grünen, die sich mittlerweile zur Volkspartei der neuen Mitte entwickeln.

In der wissenschaftlichen Debatte um die Krise der Demokratie dominieren linke und linksliberale Positionen. Der britische Politikwissenschaftler Colin Crouch provozierte schon vor zehn Jahren mit dem Begriff der „Postdemokratie". (Crouch 2008) Er wurde alsbald zum Kristallisationspunkt der Diskussionen um Politikverdrossenheit, Sozialabbau und Privatisierung. Crouch kritisierte in seinem Buch ein politisches System, in dem in seinen Augen demokratische Institutionen zwar weiterhin formal existierten, das aber von Bürgern und von Politikern nicht mehr mit Leben ausgefüllt würde. Die Folge sei eine fortschreitende Demokratieverachtung. Im Zuge der Globalisierung weiche die Politik immer weiter zurück und lasse sich von Unternehmen unter Druck setzen, die im globalen Wettbewerb Standortvorteile erpressten. Von diesem „Plädoyer gegen die Übermacht ökonomischer Eliten", die den Staat schwächten und die Bürger entmündigten, war auch der Soziologe Claus Offe begeistert.

Der Kölner Soziologe Wolfgang Streeck, Direktor emeritus am Max-Planck-Institut für Gesellschaftsforschung, spricht in ähnlicher Manier von einer „Fassadendemokratie". Es habe einmal einen „demokratisch-kapitalistischen Wohlfahrtsstaat" gegeben, der allerdings im Zuge der Globalisierung und der „neoliberalen Revolution" aufgelöst worden sei. Beides habe das Verhältnis von Kapitalismus und Demokratie verändert. Mit einerseits dem international mobil gewordenen Kapital beziehungsweise seinen Besitzern und Verfügern und andererseits der national gebunden gebliebenen Demokratie hätten sich die Machtverhältnisse grundlegend verschoben: das übermächtige internationale Kapital auf der einen Seite und die auf Kapital wie auf demokratische Politik angewiesene Arbeit andererseits. Die Abkopplung des Kapitalismus von der Demokratie und der Demokratie vom Kapitalismus habe inzwischen viele Facetten. Zentral sei die schon seit Jahrzehnten in Gang befindliche „Entmachtung des demokratischen Nationalstaats als sozialer Ort marktkorrigierender Politik im Prozess der sogenannten ‚Globalisierung'". Früher seien die Märkte in Staaten eingebettet gewesen. Das habe sich umgekehrt, sodass wir heute mit der Einbettung der Staaten in Märkte konfrontiert seien. Diese fundamentale Veränderung, beklagte Wolfgang Streeck in seinem Vortrag „Ziemlich beste Feinde. Das spannungsreiche Verhältnis von Demokratie und Kapitalismus", sei kulturell begleitet worden von der Ausbreitung eines neuen Einheitsdenkens, das eine politische und gesellschaftliche Neuordnung nach Maßgabe kapitalistischer „Wettbewerbsfähigkeit" und einen „marktkonformem" Umbau der Demokratie vorbereitete und rechtfertigte. (Streeck 2016)

In seiner Lagebeschreibung unterscheidet der Soziologe zwischen einem „Staatsvolk" und einem „Marktvolk". Und zeigt Verständnis, wenn Populisten anstelle von Klassen vom ‚Volk' reden. Denn, so kritisiert er, diejenigen, die den Klassenbegriff hätten aktualisieren müssen und können, hätten ihn zugunsten einer Rhetorik konsensualer Strukturreformen zur Anpassung an die Sachzwänge der Globalisierung fallen gelassen. „Und wie könnte das schutzbedürftige Volk anders definiert sein als national, wenn die historischen Vertreter des alten Internationalismus der Arbeiterklasse diesen längst gegen den neuen Internationalismus der Finanzmärkte eingetauscht haben und mit von ihren Schreibbüros ausgefuchsten semantischen Tricks daran arbeiten, den Unterschied zwischen beiden aus der Welt zu reden?" Für Streeck hat sich die Krise dramatisch zugespitzt, das demokratische Standardmodell liege inzwischen in Trümmern. In früheren Zeiten hatten Verbände und Parteien die Funktion, „das Rohmaterial der Emotionen und Interessen, Ängste und Begierden, Wünsche und Ideen in so etwas wie einen zivilisierten kollektiven Willen zu verwandeln". „Heute aber", bedauert er ausdrücklich, „sind die institutionalisierten Kanäle demokratischer Vermittlung ausgetrocknet, und diejenigen, die sie kontrollieren, verschanzen sich in ihren Marketingstrategien und hinter … ausgeklügelten Werbesprüchen. So bleibt die Stimme der Außenseiter, die ins Innere wollen, ungebildet – und man kann sich nicht einmal des Eindrucks erwehren, dass genau das … gewollt ist."

Der alte Traum der Linken, man könne die Demokratie ohne den bösen Kapitalismus und seine Steigerung in Gestalt der Globalisierung haben, ist in den Sozialwissenschaften immer noch weitverbreitet. Auch Streeck zählt zu jenen, die weiterhin an ihm festhalten. Der Wunsch spielt auch in den regelmäßig geführten Gerechtigkeitsdebatten eine zentrale Rolle. Inzwischen – nach dreißig Jahren des Sieges der Demokratie über den Kommunismus – ist im Übrigen Karl Marx wieder ein gern gelesener Autor. Auch der Wirtschafts- und Gesellschaftswissenschaftler Oliver Nachtwey, Mitglied der Partei Die Linke und auf vielen Podien unterwegs, ist bekennender Marx-Anhänger. Er geht ebenso wie Colin Crouch vom Zustand der Postdemokratie aus, die zudem eine „Abstiegsgesellschaft" geworden sei. Auf der Suche nach Lösungen, dieser von ihm konstatierten Entwicklung zu begegnen, empfiehlt er die Lektüre des *Kommunistischen Manifests*. Diesen programmatischen Text von Karl Marx und Friederich Engels aus dem Jahre 1848 hält Nachtwey für hoch aktuell und liest ihn als Freiheitsschrift. Der EU empfiehlt er die Vergesellschaftung der europäischen Schlüsselindustrien, und ein kollektives Aufbegehren gegen postdemokratische und neoliberale Zustände steht für ihn ganz oben auf der Tagesordnung. Darin ist er sich einig mit Wolfgang Streeck, der die deutsche außerparlamentarische Bewegung Aufstehen unterstützt und berät. Für Streeck steht fest: „In der Wahrnehmung der traditionellen Parteien gibt es zu der Politik der internen Liberalisierung und der Anpassung an den Weltmarkt keine Alternative. Deswegen muss sich der Widerspruch gegen die neoliberale Einheitsmeinung außerhalb des traditionellen Parteiensystems artikulieren." (Streeck 2016)

Auch die belgische Politikwissenschaftlerin Chantal Mouffe ist davon überzeugt, dass der Neoliberalismus die Ursache der Demokratiekrise und des Populismus sei. Aber auch die sozialdemokratische Politik eines „Dritten Weges", wie ihn beispielsweise Tony Blair Ende der 1990er-Jahre favorisierte oder später Gerhard Schröders Ansatz der „neuen Mitte" sei dafür mitverantwortlich gewesen. Die Sozialdemokratie habe sich letztlich der neoliberalen Hegemonie gebeugt. Auch intellektuelle Kollegen wie den US-amerikanischen liberalen Gerechtigkeitstheoretiker John Rawls oder Jürgen Habermas kritisiert sie und wirft ihnen vor, sie hätten Politik fälschlicherweise als eine Art Maschine zur Konsensherstellung angesehen. Angesichts der Krise der hegemonialen Ordnung fordert sie stattdessen als diskursive Strategie einen „linken Populismus", der eine klare politische Frontlinie zwischen „dem Volk" und „der Oligarchie" aufbaut. Dies sei in der derzeitigen Lage die einzig vernünftige politische Strategie zur Wiederherstellung und Vertiefung der Demokratie. Die zentrale Achse der politischen Auseinandersetzung solle fortan zwischen rechtsgerichtetem und linksgerichtetem Populismus verlaufen. Die Konstruktion eines ‚Volkes', „eines kollektiven Willens, der der Mobilisierung gemeinsamer Affekte zur Verteidigung der Gleichheit und sozialen Gerechtigkeit entspringt", ermögliche es, die vom Rechtspopulismus propagierte fremdenfeindliche Politik zu bekämpfen. Mit dieser Wiederherstellung politischer Fronten deute der ‚populistische Moment', dem wir allseits beiwohnen, „nach Jahren der Postpolitik auf eine ‚Rückkehr des Politischen' hin." (Mouffe 2018) Anstelle eines Antagonismus, dem Kampf zwischen Feinden, wünscht sie sich in den statthabenden Konflikten allerdings einen Agonismus, der den politischen Gegner als Kontrahenten ansieht und dessen Existenz als legitim anerkennt. „Seine oder ihre Ideen werden leidenschaftlich bekämpft, sein oder ihr Recht, für diese einzutreten, jedoch niemals infrage gestellt." (Mouffe 2018) Immerhin räumt sie ein, dass damit auch der Weg für autoritäre Lösungen frei würde. Alles hänge davon ab, welchen politischen Kräften es letztlich gelingt, „die derzeitigen demokratischen Forderungen zu hegemonialisieren".

Das konnte man schon früher bei dem marxistischen Philosophen und Politiker Antonio Gramsci nachlesen. Der Mitbegründer und zeitweise Generalsekretär der Kommunistischen Partei Italiens war Vordenker einer linken politisch-kulturellen Hegemonie. Eine liberale Demokratie und Gesellschaft zeichnet sich aber gerade dadurch aus, dass sie die Pluralität der Lebensstile und die Vielfalt der Vorstellungen, was das gute Leben ausmacht, zulässt und wertschätzt. Es ist ein gefährliches Spiel, die bereits statthabende Polarisierung weiter zuzuspitzen und auf Affekte der Massen oder „des Volkes" zu setzen. Das hatten wir schon, als Nationalsozialisten, Faschisten und Kommunisten ihre jeweiligen Kollektive mobilisierten, die ideologische Hegemonie anstrebten und diktatorisch ihr Volk lenkten.

Auch die Rechtspopulisten haben das Streben nach kulturell-politischer Hegemonie auf ihrer Agenda und bedienen sich fleißig bei Gramsci. Ihm haftet, ob von rechts oder links ins Werk gesetzt, bis heute etwas zutiefst Totalitäres und Antiliberales an. Der erhoffte Aufstand von links hat bis jetzt allerdings nicht zum Erfolg geführt. Von der deutschen Bewegung Aufstehen hört man kaum noch etwas und die französische Bewegung La France Insoumise von Jean-Luc Mélenchon hat bei den Europawahlen ihren Stimmenanteil halbiert. Insgesamt verloren die linkspopulistischen Parteien in dieser Wahl stärker, während die Rechtspopulisten ihre Stimmenteile halten oder ausbauen konnten. Der viel beschworene Kampf gegen Rechts – unterstützt und munitioniert von Sozial- und Politikwissenschaftlern – funktioniert mit der vorgeschlagenen Strategie eines linken Populismus offensichtlich nicht besonders gut und hat sich als Sackgasse entpuppt. Die Polarisierung gestaltet sich in der deutschen Parteienlandschaft anders: auf der einen Seite der Aufstieg der Grünen zur Volkspartei vor allem in Westdeutschland; auf der anderen Seite der Zuwachs der AfD besonders in Ostdeutschland. Beider Aufstieg ist komplementär und gestaltet sich in den gesellschaftlichen Debatten als Wechselspiel.

Über die Veränderung der Volksparteien selbst und ihren Bedeutungswandel innerhalb der Demokratie ist schon länger geforscht worden – auch ohne die Krisen der Demokratie vornehmlich dem Kapitalismus anzulasten. In der angelsächsischen Parteienforschung spricht man von der Kartellierung der politischen Landschaft. Der irische Politikwissenschaftler

Peter Mair verwendete schon in den 1990er-Jahren den Begriff der „Kartellparteien" und äußerte die Befürchtung, dass Parteien ihre Programme, wenn sie an der Regierung sind, immer weniger durchsetzen könnten. Er beschrieb, wie sich in den Volksparteien das Verständnis und die Praxis von Verantwortung verändert habe und gewissermaßen auseinandergetreten sei: Parteien seien zunehmend responsiv gegenüber Sachzwängen, aber weniger empfänglich gegenüber Wählerwünschen. Eine Folge davon sei die inhaltliche Angleichung der Parteien und die sich durchsetzende Rede von der Alternativlosigkeit politischer Strategien und Entscheidungen. Zugleich entfernten sich die staatstragenden Volksparteien immer mehr von der Gesellschaft und ihren Wählern. Sie zogen sich zurück in die staatlichen Institutionen und Apparate und verloren zunehmend den Kontakt zur Bevölkerung. Umgekehrt blieben vorübergehend viele Bürger den Wahlurnen fern. So entstand sukzessive eine immer weiter abgehobene und selbstbezüglichere politische Klasse, die sich abschottete und immun wurde gegenüber der Kritik, die von „den Menschen draußen" vorgebracht wurde.

Einleuchtend analysiert der Berliner Politikwissenschaftler Wolfgang Merkel, Direktor der Abteilung Demokratie und Demokratisierung am Wissenschaftszentrum Berlin, diese schrittweise entstandenen Repräsentationslücken in der Demokratie. Sie gehen einher mit der Erosion sozialmoralischer Milieus im Zuge der Individualisierungsprozesse und dem Schwinden der Bindekräfte großer Organisationen wie der Kirchen oder der Gewerkschaften und eben auch der traditionellen großen Parteien.

Merkel macht für Deutschland vier Repräsentationsschwächen aus, angestoßen von den Volksparteien selbst, was ihnen *à la longue* den Niedergang bescherte. Unter dem Druck der Staatsverschuldung nach langen, fetten Jahren des gut ausgebauten Wohlfahrtsstaats stand Deregulierung, weniger Staat und mehr Eigenverantwortung auf der Agenda, bei den Konservativen ebenso wie bei den Sozialdemokraten. Besonders transferabhängige Bevölkerungsteile fühlten sich damit allerdings nicht mehr repräsentiert. Die zweite Repräsentationsschwäche sieht Merkel besonders bei den Mitte-Links-Parteien. Sie haben den Konflikt zwischen wachstumsorientierter Ökonomie und ressourcenschonender Ökologie viel zu spät realisiert. Davon profitierten seit ihrer Gründung die Grünen, die einer gebildeten Mittelschicht auf postmaterieller Sinnsuche sehr zupasskamen. Die Sozialdemokratie verlor außerdem, je weiter sie in die Mitte rückte, Wähler an linke Parteien. Die vierte Repräsentationsschwäche sieht Merkel bei den christlich-demokratischen Volksparteien wie der CDU. Sie bewegten sich in den Themenfeldern europäische Integration, Flüchtlingspolitik, Multikulturalismus und Minderheitenrechte nach links. Damit überließen sie jedoch den Platz zu ihrer Rechten und konservative Orientierungen innerhalb ihrer Parteien den rechtspopulistischen neuen Kräften außerhalb der Volksparteien.

Die Repräsentationsschwäche lag also nicht nur am langfristigen Wandel der sozioökonomischen Struktur und Normen der Gesellschaften, sondern sie war auch eine Folge kurzfristiger, wahltaktischer Entscheidungen der Volksparteien selbst. Maßgeblich ist dabei weiterhin die von Mair diagnostizierte Kartellierung der Parteienlandschaft. Wir beobachten die fortschreitende gesellschaftliche Entwurzelung der Volksparteien, die zugleich dennoch fortwährend staatliche Macht innehaben. Bevölkerung und politische Klasse driften deshalb, wie schon ausführlich beschrieben, immer weiter auseinander. Paradigmatisch stehen dafür die über lange Zeiträume agierenden Großen Koalitionen, die nach Gusto eine „alternativlose" Politik betreiben und die repräsentative Demokratie in Verruf bringen. Im Bundestag etwa kommen Parlamentarier als Berufspolitiker entweder gerade aus einer alten Regierung oder sie sind schon auf dem Weg in eine neue. In jedem Fall sind diese allzu lange währenden Großen Koalitionen inzwischen von den Bürgern europaweit radikal abgestraft worden.

Die Kartellierung der Politik verbunden mit der Rede von der Alternativlosigkeit angesichts scheinbar unabänderlicher Sachzwänge verweist allerdings auf ein weiteres Problem spätmoderner Demokratien. Zur Politik gehört nach wie vor das Aushandeln und Austarieren divergierender gesellschaftlicher Interessen. Sie soll in der Regierungsverantwortung Kompromisse finden und zur Konsensbildung beitragen. Dennoch bleibt sie interessegeleitet, denn Interesse ist die Triebkraft politischer Entscheidung.

Doch je umfangreicher ein Staat die gesellschaftlichen Angelegenheiten regelt, je fürsorglicher und vorsorglicher er das Gemeinwesen und den Sozialstaat organisiert – wie dies in unseren europäischen Wohlfahrtsstaaten der Fall ist –, desto komplexer wird er. Und umso mehr ist er auf Expertenwissen und externe Fachkompetenz angewiesen. Die Neigung, Politik an Experten auszulagern, die vermeintlich keine Interessen vertreten, nimmt zu. Angestoßen von der Regierung und den Fachausschüssen des Parlaments wird inzwischen ganz selbstverständlich auch die Fabrikation von Gesetzen an international operierende Anwaltskanzleien delegiert. Und Experten wird immer noch zugeschrieben, Sprachrohre der Vernunft zu sein, unpolitisch ihrem Fach zu dienen und über partikularen Interessen zu stehen. Mit ihrer Fachkompetenz dienten sie der Wahrheit und dem Allgemeinwohl, dem sie sich qua Berufsethos verpflichtet fühlten.

Seit einigen Jahren können wir eine ausufernde Neuschaffung von Expertengremien beobachten: vom Ethikrat über den Klimarat bis zu Zukunftskammern, die von der Regierung kooptiert wurden. Gegen die Einholung von qualifiziertem, fachlichem Rat von außen, besonders wenn alte Lösungsansätze überholt sind, ist im Prinzip nichts einzuwenden. Doch entsteht damit zugleich auch ein kniffliges Problem für die Demokratie. Denn diese neu geschaffenen Fachräte sollen ausdrücklich über dem Parlament stehen, jenseits von Parteiengezänk und streitenden Interessengruppen. Sie sind also nicht demokratisch legitimiert, gewinnen aber mit ihren Expertisen und Einlassungen in die Politik immer mehr an Gewicht. Das erinnert zuweilen an den Wohlfahrtsausschuss der Jakobiner während der Französischen Revolution, der auch überparteilich und wohlmeinend alles zum Besten des Volkes regeln sollte. Der Ausschuss verstand sich damals als Vollstrecker des Gemeinwillens – Jean-Jacques Rousseaus *volonté generale* – und wollte das Volk im Namen der Vernunft umerziehen. Leider entwickelte sich dieses Gremium zur martialischen Agentur des Tugendterrors.

Natürlich stehen uns keine ähnlichen revolutionären Schrecken bevor. Allerdings sollte die immer weiter um sich greifende Expertokratie im Zusammenspiel mit Regierungshandeln die Skepsis wachrufen – zumal, wenn in bestimmten Themenfeldern uniforme Expertisen vorgetragen werden. „Wenn alle Experten sich einig sind, ist Vorsicht geboten", warnte schon der britische Philosoph und Nobelpreisträger Bertrand Russell weise. Eine Folge davon ist, dass sich Politiker vorgeblich unausweichlichen Sachzwängen alternativlos beugen. Sie neigen dann dazu, das Bestehende zu verwalten und zu erhalten, ohne neue Initiativen zu ergreifen. Wie uninspirierte Sozialingenieure fahren sie auf Sicht, um die eigene Macht zu erhalten.

Ist es vor diesem Hintergrund tatsächlich eine Katastrophe, dass die großen Volksparteien in ihrem bräsigen Zustand abgewählt werden, abdanken und Platz für Neues machen? Oder ist es nicht doch auch ein Zugewinn an Pluralismus, wenn neue Parteien mit neuen Programmen und neuen Köpfen entstehen? Dies ausschließlich als ein dramatisches Zeichen für die Krise der Repräsentation an und für sich zu deuten, geht fehl. Sogenannte „Programmparteien" sind nicht zwangsläufig Totengräber der Demokratie. Denn die Ausdifferenzierung der Parteiensysteme erweitert gerade die Bündnisoptionen und steigert den Wettbewerb der Ideen. Dieser Zugewinn an Pluralismus hat im Übrigen auch eine normative Komponente, „weil Interessen und Identitäten differenzierter vertreten werden können", so Jan-Werner Müller, der Politische Theorie und Ideengeschichte in Princeton lehrt. (Müller 2016) Er widerspricht wie Wolfgang Merkel deshalb auch, wenn von einem einstigen Goldenen Zeitalter der Demokratie die Rede ist. Zumal solche rückprojizierten Schönzeichnungen meist nur den Zustand der westeuropäischen Demokratien meinen und die Lage der ostmitteleuropäischen sogenannten Volksdemokratien mit ihren kommunistischen Diktaturen ausblenden.

Neue gesellschaftliche Spaltungen

Zur Krise der Repräsentation zählt ganz wesentlich die Weigerung der Volksparteien, eine tatsächlich offene Debatte über neue soziale Verwerfungen und Spaltungen in der Gesellschaft zu führen, darüber, was die Bevölkerung tatsächlich umtrieb. Bereits früher tönte von Berliner Regierungsbänken immer wieder die Rede von der Alternativlosigkeit bestimmter politischer Wege und Strategien. Das war schon während der Euro-Schuldenkrise und später auch im Zusammenhang mit der Flüchtlingskrise und den Folgen für den gesellschaftlichen Zusammenhalt der Fall. Flankiert von den Leitmedien wurden bestimmte Themen kleingehalten, wenn nicht gar tabuisiert. Doch können Konflikte und Unbehagen in der Gesellschaft nicht dauerhaft gedeckelt und von amtierenden Politikern beschwiegen werden.

In einem luziden Essay verteidigt der Politikwissenschaftler Peter Graf von Kielmansegg deshalb die Politik gegen die Politiker, denn Diskurse über die vielfältigen Konflikte der Gesellschaft seien ein wesentliches Element gelingender Politik. Natürlich könne auch ein von Politikern angestoßener Diskurs misslingen, doch dessen Verhinderung richte in der Regel wesentlich mehr Schaden an. Graf von Kielmansegg macht drei Kategorien von Konflikten aus, die Gesellschaft und Demokratie im Kern berühren. In die erste Kategorie fallen Interessenkonflikte, wobei es üblicherweise um miteinander konkurrierende materielle Ansprüche geht, also um Verteilungsfragen. Zur zweiten Kategorie zählen Wertkonflikte, und dabei geht es in der Regel um unterschiedliche normative Überzeugungen, die kollidieren und die Frage aufwerfen, welche Werte in Zukunft gültig und verbindlich sein werden. Bei der dritten Kategorie schließlich handelt es sich um Identitätskonflikte, die ihren Ursprung in Spannungen zwischen oder gar im Aufeinanderprallen unterschiedlicher kollektiver Identitäten haben.

„Der diskursive Modus ist erstaunlich erfolgreich in der Bewältigung von Interessenkonflikten, die eben keineswegs die elementarsten sind, die ein Gemeinwesen erschüttern können." Die diskursive Aushandlung und Lösung von Wertkonflikten gestaltet sich schon schwieriger, weil sich traditionelle normative Konsense zunehmend auflösen, wie zum Beispiel im Streit über die „Ehe für alle" oder über den Umgang mit sexuellen und anderen Minderheiten. Eine besondere Herausforderung im Diskurs sind jedoch Konflikte zwischen kollektiven Identitäten, die häufig nicht aufgelöst werden könnten. Und das habe weitreichende Folgen, wie von Kielmansegg 2018 bemerkt, denn „wo die Menschen sich nicht bejahend als ein und demselben Gemeinwesen zugehörig verstehen, greifen die Regeln der diskursiven Politik, wenn es ernst wird, nicht." (Kielmansegg 2018)

Elitenkritik und Elitenversagen

Was die Gesellschaften in Europa und den USA umtreibt, ist weit mehr als eine Krise der politischen Repräsentation. Denn nicht nur die politische Klasse in Gestalt erodierender Volksparteien erlebt einen gewaltigen Vertrauensverlust und entkoppelt sich immer weiter von der Bevölkerung. Es ist auch der mangelnde oder misslungene Diskurs zwischen unterschiedlichen gesellschaftlichen Gruppen. Besonders die Eliten sind in den Fokus der Kritik geraten und Eliten-Bashing hat sich auf dem ganzen Globus breitgemacht. Diese Verärgerung und der Verdruss über

das urbane, kosmopolitisch und international vernetzte sogenannte Establishment trifft nicht nur die politische Klasse, sondern auch die wirtschaftliche Elite und Leistungsträger in den
Medien, der Kulturindustrie und der Wissenschaft. Seit den
1960er-Jahren kam solche Kritik vornehmlich von links, heute
jedoch hört man sie weitaus häufiger von rechts. Vor allem aber
provoziert die über die Jahre größer gewordene Kluft zwischen
der Bevölkerung und den diversen Funktionseliten den Unmut
auch in der Mitte der Gesellschaft. Sie hat kein Vertrauen mehr
in eine Elite, die, so der Eindruck, immer selbstbezüglicher und
selbstgerechter wird und ihre Bodenhaftung verloren hat. Denn
nicht nur die politische Elite ist immer homogener geworden,
sondern den Funktionseliten in Wirtschaft, Medien, Kultur und
Wissenschaft ergeht es nicht anders. Auch sie sind untereinander bestens vernetzt, geben den Ton an, und in ihren Führungs-
etagen ist eine Verfestigung der Macht zu beobachten, die soziale Mobilität und Dynamik verhindert. Eine Art hermetische
Blockbildung scheint sich zu vollziehen, die nicht mehr durch-
lässig ist und keinen Austausch erlaubt.

Doch wenn Eliten sich nicht mehr von Seilschaften und
Cliquen unterscheiden, provozieren sie Verachtung. Vor allem
dann, wenn sie als vermeintliche Leistungsträger ihren Job
nicht gut machen und sich dennoch belohnen oder ihren Posten nicht räumen wollen. Dieses Gebaren kennt man nicht nur
aus dem politischen Milieu, aus Staatsbetrieben wie der Bahn
oder scheiternden Großprojekten wie dem Flughafen Berlin
Brandenburg. Es hat sich auch in der staatlich gehätschelten
Automobilindustrie und vor allem im Bankensektor breitgemacht. Wirtschaftliche Eliten, die nicht mehr geradestehen
und haften für das, was sie anrichten oder verbummeln, ziehen
Verachtung auf sich, die sich Zug um Zug auch auf das Wirt-
schaftssystem insgesamt überträgt. Darüber, dass der Antikapitalismus rechts wie links und zuweilen auch mittig grassiert,
braucht man sich folglich nicht zu wundern.

„Wir taumeln elitenschwach in eine digitale Zukunft", stellt entsprechend auch Sascha Lobo fest: Die traditionellen Eliten seien weltweit überfordert und gefangen zwischen Irritation, Ignoranz und Besitzstandswahrung. „Eliten sollen in einer liberalen Demokratie geeignete, potenziell mehrheitsfähige Antworten vorschlagen, aber sie erkennen derzeit nicht einmal die richtigen Fragen. Und die neuen höchstdigitalen Eliten haben ihre Verantwortung noch kaum begriffen." Diese neuen Eliten wirkten wie „nerdige Zauberlehrlinge ohne außerdigitalen Realitätsbezug". Diese Situation habe ein Orientierungsvakuum geschaffen, indem Scharlatanerie, Populismus und Verschwörungstheorien umso heftiger blühen könnten. (Lobo 2018)

Die Elitenkritik zielt weniger auf die prinzipielle Frage, ob wir überhaupt Funktionseliten brauchen, denn die arbeitsteilige, moderne Gesellschaft funktioniert nicht ohne Experten und Fachleute. Auch wenn zuweilen im Zuge der Digitalisierung die Illusion genährt wird, jeder könne doch im Grunde alles, teile alles, werde mündiger und demokratischer und brauche daher keine Anleitung oder Führung mehr von Personen, die über mehr Kompetenz verfügen. Doch hätten wir unseren Wohlstand, unsere Demokratie und unser freiheitliches Gemeinwesen ohne eine über Jahrhunderte ausdifferenzierte Arbeitsteilung gar nicht aufbauen können. Um sie zu erhalten, brauchen wir also weiterhin Fachleute, doch das Misstrauen gegenüber den Eliten ist breit gefächert. Große Teile der Bevölkerung zweifeln daran, dass Personen nur aufgrund ihrer Fachkompetenz und Qualifikation Teil der Elite und dadurch mächtig geworden sind, haben sie doch in der Regel über ihr eigentliches Tätigkeitsfeld hinaus sozialen und politischen Einfluss. Der Philosoph Stefan Gosepath aus Berlin warnt deshalb: Soziale Macht, die der Gesellschaft vorgeben könne, was die neueste Mode, Ausdrucksweise oder gar die korrekte Meinung ist, müsse ebenso Misstrauen hervorrufen wie die indirekte oder intransparente Macht des Lobbyismus. Er verlangt von den Eliten, dass sie ihre privilegierte Machtposition mit „persönlicher Integrität, transparent und zum Wohle aller" ausfüllen. Dafür sei mehr gesellschaftliche Kontrolle nötig.

Inzwischen hat es sich sogar bis nach Davos zum Weltwirtschaftsforum, das alljährlich die einflussreichsten Personen aus Wirtschaft, Politik und anderen gesellschaftlichen Bereichen anzieht, herumgesprochen und für Beunruhigung gesorgt: Die 2017 in Auftrag gegebenen Studien des Edelmann-Trust-Barometers zeigten: Eine Mehrheit der Bevölkerung vertraut den Eliten nicht mehr und zweifelt daran, dass das System funktioniert. Und dieses Misstrauen war in Deutschland, Frankreich, Italien und Großbritannien sogar stärker ausgeprägt als weltweit durchschnittlich, wobei sich auch der internationale Durchschnittswert seit Jahren negativ entwickelt.

Um dieser Vertrauenskrise zu begegnen, wären unterschiedliche miteinander konkurrierende Eliten nötig, die sich gegenseitig anregen, kritisieren und sich fortlaufend personell erneuern, also für eine Pluralisierung der Macht sorgen. Leistungsträger jedoch, die reformunwillig und bräsig an der Macht um ihrer selbst willen kleben, können wir uns angesichts heutiger Herausforderungen nicht leisten. Stattdessen wären neue, mutige Köpfe, die über die Fähigkeit zum Perspektivenwechsel verfügen, dringend nötig. Persönlichkeiten mit unkonventionellem Esprit sind gefragt, die verantwortungsvoll Sachhaltigkeit, Klarheit, Wahrhaftigkeit und einen Sinn für Haftung verknüpfen, um einen guten Job zu machen.

Eine Elite, die wieder Vertrauen gewinnen will, muss offen für Kritik sein und darf sich nicht selbst immunisieren, wie es derzeit häufig geschieht. Widerspruch weist sie postwendend als populistisch zurück und verbannt ihn in eine politisch schmutzige Ecke. Überhaupt fällt ihr Hang zur Selbstgerechtigkeit und Moralisierung auf. Besonders die politische Elite fühlt sich berufen, mit moralisch erhobenem Zeigefinger

Empfehlungen und Anweisungen für ‚das gute Leben' zu geben.

Das aktuelle Aufbegehren gegen Eliten in Politik, Wirtschaft, Medien, Kultur und Wissenschaft ist auch ein Protest gegen eine Meinungsführerschaft, die den Zeitgeist repräsentieren möchte. Maßgeblich an ihr beteiligt sind die urbanen, sich liberal verstehenden, kosmopolitisch orientierten Eliten, denen soziale Toleranz und eine vielfältige, offene Gesellschaft am Herzen liegen, die Grenzen eher als lästige Überbleibsel aus längst vergangenen Zeiten ansehen und weltgewandt unterwegs sind. Selbstbewusst vertreten sie ihren Standpunkt und halten jene, die eine andere Sicht auf die Lage haben, für hoffnungslos provinziell, engstirnig, dumpf und ängstlich. Ihre eigene Toleranz erreicht allerdings oft dann ihre Grenze, wo sie andere politische Positionen berühren, die sogleich als unzeitgemäß, falsch oder gleich rechts abgestempelt werden.

Der Schweizer Publizist und Psychoanalytiker Carlo Strenger übt in seinem Buch über *Die verdammten liberalen Eliten* Selbstkritik und gelobt Besserung. Er wolle die neuen Kosmopoliten nicht idealisieren: „… ihre Sicht auf die Welt ist unerlässlich, wenn wir die Herausforderungen bewältigen wollen, vor denen die Menschheit steht. Ja, sie leisten enorm wichtige Beiträge zum wirtschaftlichen Wohlergehen und zum kulturellen Leben. Doch wir sind allzu oft arrogant gewesen, wo es darum geht, anderen unser Weltbild und unsere Werte zu vermitteln." Diesen Fehler habe auch er begangen, und deshalb hält er ein persönliches *mea culpa* für angebracht. Es sei daher nicht verwunderlich, dass viele Angehörige der Unter- und unteren Mittelschicht, die nun von Populisten agitiert würden, „liberale Kosmopoliten geradezu hassen" und etwas empfinden, was Sozialpsychologen *upward contempt* nennen, eine aufwärtsgerichtete Verachtung. Strenger beobachtet eine Polarisierung der Öffentlichkeit und politischen Landschaft, vermisst den Dialog zwischen den unterschiedlichen Lagern und sieht die Neigung, Andersdenkende zu dämonisieren. Allerdings hebt auch er moralisch den Zeigefinger als Angehöriger besagter kosmopolitischen Elite, indem er mahnt: „Wir sollten nicht diejenigen attackieren, die angesichts von Entwicklungen, die ihnen Angst einjagen, die sie nicht verstehen und die sie ganz gewiss nicht steuern können, vor Furcht und Empörung beben." Solch wohlmeinender Paternalismus, der verständnisvoll und nahezu therapeutisch mit den diagnostizierten Ängsten der Bürger umgeht, wird die Glaubwürdigkeitskrise der Demokratie und der Eliten, die politische Polarisierung und soziale Spaltung in der Gesellschaft kaum lösen können. Er ist vielmehr ein Teil des Problems.

Die Segregation der Mittelschicht

In der umkämpften politischen und gesellschaftlichen Mitte ist einiges ins Rutschen geraten. Zugleich differenziert sie sich soziologisch und im Wahlverhalten weiter aus. Die beiden ehemaligen Volksparteien SPD und CDU sind kein Maßstab mehr für die Orientierung der Bürger und ihre Zuordnung, wie wir gesehen haben. Von beiden Parteien gab es die größte Abwanderung hinüber zu den Grünen, die sich als neue Volkspartei mausern. Der Journalist Gabor Steingart hat nach der Europawahl 2019 in seinem Blog unterschieden zwischen einer „urbanen Mitte", die grün wähle, einer „empörten Mitte", von der die AfD profitiere, und einer „bodenständigen Mitte" aus der Provinz, für die die Kirche noch eine Autorität darstelle und die lange Zeit Angela Merkel unterstützt habe.

Tatsächlich hat sich die gesellschaftliche Mitte seit einigen Jahrzehnten ausdifferenziert. Der Soziologe Helmut Schelsky konstatierte in den 1950er-Jahren noch eine „nivellierte Mittelstandsgesellschaft" in Deutschland. Das war bis in die

1980er-Jahre hinein eine treffende Bezeichnung für die prosperierenden westlichen Industriegesellschaften. Natürlich gab es auch damals soziale Ungleichheit, doch pflegte die Mittelschicht damals noch einen recht einheitlichen materiellen Lebensstil, verbunden mit einem Aufstiegsversprechen.

Erst der Wandel von der industriellen zur postindustriellen Gesellschaft hat völlig neue Verhältnisse geschaffen: Den klassischen Industriearbeiter gibt es nicht mehr, dafür wächst der Dienstleistungssektor – für Niedrigqualifizierte ebenso wie für Hochqualifizierte. Hinzukommt seit den 1970er-Jahren der Anstieg der Akademikerquote und ein Wandel gesellschaftlicher Werte und Normen. Zudem hat das Streben nach Selbstverwirklichung der bürgerlichen Tugend der Pflichterfüllung den Rang abgelaufen. Inzwischen ist die soziale Segregation der Mittelklasse weiter fortgeschritten und die soziale Mobilität nach oben lässt nach. Der Kultursoziologe Andreas Reckwitz spricht von einer „konflikthaften Drei-Drittel-Gesellschaft" der Spätmoderne, die sich in einer neuen Klassenpolarisierung manifestiere (Reckwitz 2017). Die alte Mittelklasse mit mittleren Bildungsabschlüssen und einer Berufsausbildung, das heißt Handwerker, Facharbeiter und Angestellte, finden sich heute eher in Kleinstädten und am Rande der Großstadt. Sie haben eine ausgeprägte Ortsgebundenheit und eine eher konventionelle Orientierung am materiellen Lebensstandard. Die Sorge, Wandlungsprozessen nicht standzuhalten und möglicherweise sozial abzusteigen, prägt ihren Alltag. Von der Bildungsexpansion haben sie nicht profitieren können. Die neue Unterschicht der Geringqualifizierten hat noch weniger Zukunftsaussichten und versucht sich irgendwie durchzuschlagen. Ihr Lebensstil wird mit ungesundem Essen, Rauchen und Alkohol, Schicksalsergebenheit und Initiativlosigkeit assoziiert und gesellschaftlich stark entwertet. Aber auch die Mittelmäßigkeit und Sesshaftigkeit der alten Mittelschicht hat kräftig an Ansehen eingebüßt.

Im Gegensatz dazu ist die „neue Mittelklasse" hoch qualifiziert, selbstbewusst, erfolgreich und mobil. Inzwischen verfügt fast ein Drittel der Gesellschaft über einen Hochschulabschluss. Die Angehörigen dieser neuen Schicht leben in den Zentren der Großstädte und bilden ein urbanes Milieu, das sich über bestimmte Lifestyle-Attribute auszeichnet. Eine kosmopolitisch orientierte postmaterielle Wertegemeinschaft findet sich da zusammen, der das gute Leben für sich selbst und ihre Kinder, der Weltfrieden und das Klima am Herzen liegen. Nicht ein quantitativ hoher Lebensstandard ist ihren Vertretern wichtig – obwohl sie natürlich darüber verfügen –, sondern das gute Leben und eine Lebensqualität, die eine gesunde, gern digital gestützte Work-Life-Balance hält: eine optimale Verknüpfung von Erfolg und Selbstverwirklichung. Sie reisen gern und viel, ein Kurztrip zur Hochzeit der Freunde nach Nizza oder zur Ausstellungseröffnung nach London – auch wenn dies eigentlich ihrem ökologischen Grundverständnis widersprechen müsste, denn im Klimawandel sehen sie das größte erdenkliche Übel, mit dem die Menschheit zu kämpfen hat. Gekocht und gegessen wird gern, aber maßvoll und nur biologisch angebaute Lebensmittel ohne Gentechnik, am liebsten aber raffiniert vegetarisch oder vegan, um die Umwelt zu schonen, dem eigenen Körper etwas Gutes zu tun und damit zugleich einen Beitrag zur Rettung der Welt zu leisten. Es sind private und zugleich gruppenspezifische Erlösungsszenarien, die zuweilen religiös anmuten. Neben Yoga oder Tai Chi ist man auch begeistert von fernöstlicher Medizin und Spiritualität, um dem auch in diesen Kreisen kritisierten schnöden Konsumkapitalismus und Materialismus etwas entgegenzusetzen – obwohl man ihm den eigenen Lebensstil verdankt. Diese Abkehr vom Materialismus spiegelt im Übrigen die Tendenz säkularer Gesellschaften wider, nach neuem postmaterialistischem Lebenssinn zu suchen, gerade weil die Kirchenhäuser immer leerer werden. Nicht nur auf dem inzwischen viel beschrittenen Jakobsweg wird das Heil gesucht, viel exklusiver ist das beliebt gewordene Fasten und Schweigen im Kloster ohne Internetzugang, um Seele und Körper zu reinigen. Überhaupt haben wir es bei der neuen Mittelschicht mit einer Avantgarde des Zeitgeistes zu tun. Propagiert wird ein guter und gesunder Lebensstil, der Wachstums- und Konsumkritik mit Selbstbeschränkung und Enthaltsamkeit gegenüber solch verpönten alten Genussmitteln wie Zucker, Nikotin und Alkohol verbindet. Zugleich wird ein Hedonismus gefeiert, der so weit reicht, wie ihn die Ökologie erlaubt. Ob Leistungsträger aus der Wirtschaft und Abonnenten des Manager-Magazins oder erfolgreiche Künstler, die sich eine Wohnung im Herzen der Großstadt leisten können – sie eint nicht vornehmlich die Höhe ihres Einkommens, das deutlich variieren kann, sondern der gemeinsame Lebensstil.

Im Rahmen eines Forschungsprojekts des John Stuart Mill Instituts über die Spezifika des westlichen Lebensstils untersuchten wir neben der Veränderung gesellschaftlicher Normen und staatlicher Moralpolitiken auch die Charakteristika des Zeitgeistes mittels einer empirischen Erhebung, was ist „in" und was ist „out". Dabei wird weder die eigene Meinung der Befragten zum entsprechenden Gegenstand gemessen noch das tatsächliche Verhalten. Es werden den Befragten stattdessen eine Vielzahl von möglichen Verhaltensweisen oder Prinzipien zur Auswahl vorgelegt, die sie entweder für modern und zeitgemäß halten oder für überkommen und veraltet. Mit dieser Frage wird das gesellschaftliche Klima und die Intensität, mit der soziale Normen eingefordert werden, erfasst. Bereits 2016 standen an erster Stelle Bioprodukte, gefolgt von Fitness, Sport treiben, gesunde Ernährung, das Leben genießen, Karriere, vegetarisches Essen, Umweltschutz. Erst an neunter Stelle tauchte beispielsweise die Kategorie Freiheit auf. Bereits damals zeichnete sich ein grüner Zeitgeist ab, und die erfolgreichen Wahlergebnisse für die Grünen 2019 realisieren ihn heute politisch. Ihre größte Wählerklientel fand die Partei just bei jener neuen Mittelschicht in urbanen Zentren.

Moden, Essgewohnheiten, der unterschiedliche Gebrauch von Genussmitteln und die Kultivierung eines besonderen Habitus waren schon immer soziale und kulturelle Distinktionsmerkmale, um sich von anderen abzugrenzen. Der Soziologe Norbert Elias hat in seinem großartigen Werk über den *Prozess der Zivilisation* diese Mechanismen untersucht und sein Kollege Pierre Bourdieu in seiner grundlegenden Schrift über *Die feinen Unterschiede* die Fortsetzung geschrieben. Entsprechend verfügen die Repräsentanten dieser neuen Mittelklasse nicht nur qua ihrer hochqualifizierten Ausbildung über ein besonderes kulturelles Kapital, das in die gesellschaftlichen Dynamiken einfließt. Sie sind tonangebend, auch was den Anstoß neuer Trends anlangt, und ihre Vertreter setzen sich in der Betonung des Authentischen und Außergewöhnlichen vom Durchschnitt und von der alten, zur Nivellierung neigenden Mittelstandsgesellschaft ab. Kosmopolitismus, Multikulturalismus, die Wertschätzung der offenen Gesellschaft, postnationale Orientierungen, die Pluralität der Lebensstile, der ausdrückliche Blick auf den Schutz sozialer Minderheiten und neuer Opfergruppen im Kampf um Anerkennung und soziale Gerechtigkeit zeichnen sie aus. Sie pochen auf ihre „Singularität" (Reckwitz 2017), die sie als Lifestyle allerdings mit den meisten anderen Vertretern dieser neuen Mittelklasse teilen.

Inzwischen stehen sich alte Mittelklasse, Unterklasse und neue Mittelklasse kaum verbunden und einander fremd geworden gegenüber. Ihre Alltagswege kreuzen sich nicht mehr und es gibt kaum noch soziale Berührungspunkte. Der eine Teil lebt auf dem Land, in der Provinz, der andere Teil in infrastrukturell gut ausgestatteten, komfortablen Wohlfühlzonen der urbanen Zentren, oft entrückt und fern vom Alltagsleben und den Nöten der „Normalbürger". Und erst recht fern irgendwelcher sozialer Brennpunkte, Problemviertel mit den „Abgehängten" und Verlierern der Globalisierung, hohem Migrationsanteil und Parallelgesellschaften, dem anderen Drittel in dieser Klassenaufteilung. Die Vertreter der neuen Mittelschicht wechseln schon mal ihr Wohnquartier – obwohl der Wohnungsmarkt angespannt ist –, wenn sie ihren Kindern Schulen ersparen wollen, die mit der Integration von Migrantenkindern überfordert sind, so sie nicht von vorneherein ihren Nachwuchs in Privatschulen ausbilden lassen. Die alte Mittelklasse ist eher in den Randlagen und Kleinstädten zu Hause. Sie sind beständig damit konfrontiert, dass ihre Ausbildung und bisherige Erwerbsbiografie zukünftig ihren materiellen und gesellschaftlichen Wert verliert. Und ihre Befürchtungen sind keineswegs unberechtigt. Denn in den nächsten Jahren werden aufgrund der Automatisierung und des breiten Einsatzes von Künstlicher Intelligenz Millionen Arbeitsplätze verschwinden. Auch wenn wieder neue entstehen, ist die Furcht vor sozialem Abstieg nicht unbegründet.

Der Blick auf die Welt ist aufgrund differierender gesellschaftlicher Erfahrungen also sehr unterschiedlich geworden, die sozialen Milieus durchmischen sich nicht mehr und Sprachlosigkeit hat sich breitgemacht. Das spiegelt sich nicht zuletzt bei Wahlen in der Polarisierung zwischen der Partei der Grünen und der AfD wieder, die sich in gewisser Weise gegenseitig hypen. Sie stehen jeweils für entgegengesetzte Wertorientierungen, was natürlich nicht heißt, dass Grünen-Sympathisanten, Wähler und Mitglieder grundsätzlich alle Werte teilen, ebenso wenig wie dies bei der AfD der Fall ist. Gerade im Umfeld der neuen Partei gibt es nicht nur rechtsextreme Strömungen, sondern auch viele Unzufriedene, die aus Protest mit der AfD sympathisieren und sie wählen.

AfD-Anhängern liegen der Nationalstaat und die Pflege deutschen Kulturguts am Herzen. Eine Vertiefung der EU, gar hin zu einem Bundesstaat, lehnen sie ab. Ihnen ist eine homogene Gesellschaft lieber als eine bunt gemischte. Sie sind skeptisch gegenüber Einwanderern und misstrauisch gegenüber einer zunehmend diversifizierten, pluralistischen Gesellschaft. Auch die traditionelle Familie und die alte Geschlechterordnung erfährt bei ihnen eine hohe Wertschätzung. Individualistischer Selbstverwirklichung stehen sie kritisch gegenüber und vertrauen eher auf gemeinschaftliches Handeln und kollektive Geborgenheit. Vom Staat erwarten sie, dass er Recht und Ordnung durchsetzt und seine fürsorgende Rolle beibehält. Von den wirtschaftsliberalen Anfängen der Partei ist bei den Mitgliedern und bei den Wählern kaum etwas übrig geblieben. Die Rettung des Weltklimas hat für sie nicht oberste Priorität. Auch der Kult um gesunde Ernährung ist ihnen fremd.

Beides sind hingegen Elemente einer Haltung, die Grünen-Anhänger geradezu ausmachen. Vom Staat erwartet ein Teil soziale Umverteilung, der größere Teil in jedem Fall die Stärkung des Verbraucherschutzes und Regulierungen zur Förderung der Gesundheit der Bevölkerung. Misstrauisch sind sie im Feld staatlicher Überwachung und skeptisch gegenüber Rufen nach Recht und Ordnung. Individuelle Selbstverwirklichung ist hoch angesehen und Patchwork-Familien kein Makel, sondern zukünftig Standard. Die Gleichberechtigung der Geschlechter und sexueller Minderheiten soll staatlich forciert werden, und je bunter und vielfältiger die Gesellschaft wird, desto besser. Sie befürworten Einwanderung und offene Grenzen, denn Multikulturalismus ist für sie zukunftsweisend. Als Grünorientierte halten sie den Nationalstaat für ein Auslaufmodell, der angesichts der Globalisierung keine tragende Rolle mehr spiele. Stattdessen sind sie glühende Verteidiger und Antreiber eines Ausbaus und einer Vertiefung der EU.

Wenn von der neuen Mittelklasse die Rede ist – die inzwischen zur hauptsächlichen Wählerklientel der Grünen geworden ist –, zählen zu ihr natürlich auch die bereits zitierten kosmopolitisch orientierten, sogenannten liberalen Eliten aus Medien, Kultur und Wissenschaft, die schon aus professionellen Gründen den Ton angeben und meinungsführend in die Leitmedien hineinwirken. Hier wären also soziologisch auch die Intellektuellen zu verorten. Sie teilen einen Lebensstil, der sich apart gibt, und damit verknüpfte Normen und Werte. Pikanterweise definiert und interpretiert just jene Elite, was unter Populismus zu verstehen ist, und urteilt sogleich darüber. In ihren Augen ist er leibhaftig geworden in Gestalt der AfD und Pegida. Und jene, die sich in diesem politischen Umfeld bewegen, sind wiederum die ärgsten Kritiker und Verächter der sogenannten kosmopolitischen, liberalen Eliten.

Verwerfungen zwischen Stadt und Land

Anywheres und Somewheres

Im Unterschied zu Wolfgang Streeck, der in marxistischer Manier die Zerstörungskraft der Globalisierung und des „Neoliberalismus" für die gesellschaftlichen Spaltungen verantwortlich macht, ist die Herangehensweise des Bremer Politikwissenschaftlers Philip Manow anregend differenziert. Auch er wählt zwar einen sozioökonomischen Erklärungsansatz, stellt ihn aber mindestens gleichgewichtig neben kulturelle Deutungsmuster. Da widerspricht er der von einigen seiner Kollegen vertretenen These, das populistische Aufbegehren und die Mobilisierung nationalkonservativer Wählerschichten in ganz Europa und den USA habe seine hauptsächlichen Gründe im Wertewandel und in der Gesellschaftspolitik. Der polnische Politikwissenschaftler Jan Zielonka sprach 2018 gar von einer Revolte gegen die urbanen Eliten, einer „Konterrevolution" (Zielonka 2018) gegen das liberale Europa, und der umtriebige slowenische Philosoph Slavoj Žižek von einem „konservativen Aufbäumen". Intellektuelle, Politikwissenschaftler und Soziologen streiten offen darüber, ob die neue Polarisierung entlang kultureller Muster stattfindet oder hauptsächlich ökonomisch bedingt ist, also die alte Klassenfrage wieder aufs Tapet bringt.

Die gesellschaftlichen Verwerfungen haben natürlich auch ökonomische Gründe in der Revolutionierung der Arbeitswelt durch Digitalisierung und Automatisierung und die bereits stattgefundene und sich beschleunigende Freisetzung von Millionen Arbeitskräften. Doch das reicht als Erklärung für die Spaltungsprozesse nicht aus.

Schon vor 15 Jahren schrieb der britische Publizist David Goodhart über die zunehmende Aufspaltung der Anywheres und der Somewheres. Mit Ersteren bezeichnete er die multikulturell orientierten, liberalen Weltbürger, die als qualifizierte Fachkräfte hoch mobil in der Welt unterwegs und tendenziell überall einsetzbar sind. Auf der anderen Seite die weniger verdienenden Somewheres, die eher sesshaft und verwurzelt in herkömmlichen Traditionen sind.

Flankiert wird diese Entwicklung von tiefgreifenden kulturellen und sozialen Umbruchprozessen. Dabei vermischen sich neue wirtschaftliche Verteilungskämpfe mit einem Ringen um alte und neue kulturelle Deutungsmuster. Welche gesellschaftlichen Werte und Normen verändern sich in welche Richtung und setzen sich durch? Wer sind die Sieger dieses Normenbildungsprozesses, wer gewinnt, wer verliert? Es handelt sich also um eine ernste und grundlegende politische und gesellschaftliche Auseinandersetzung mit und über den tiefgreifenden Wertewandel. Monokausale Ansätze werden der Komplexität der Lage deshalb nicht gerecht, erst recht nicht verstaubte marxistische Ansätze, die dem alten Rechts-Links-Schema folgen.

Es geht um die Zukunft unserer Gesellschaft und unseres Staates und entsprechend haben sich die Debatten zugespitzt. Unliebsame Argumente vornehmlich einem unbotmäßigen und störrischen Populismus in die Schuhe zu schieben ist, auch wenn fragwürdige Gestalten und Rechtsextreme wie

Linksextreme mit von der Partie sind, politisch, intellektuell und wissenschaftlich unseriös. Der Protest, der sich um die populistischen Bewegungen und Parteien gruppiert, ist auch ein Aufstand gegen den Paternalismus, den die politischen und gesellschaftlichen Eliten gegenüber den vermeintlich unaufgeklärten Bürgern praktizieren, um sie auf den richtigen Weg des guten Lebens zu lenken.

In vielfältiger Weise, so scheint es, kombiniert der vorgebliche Liberalismus der kosmopolitischen Elite „soziale Toleranz mit politischer Intoleranz". Wie Manow darlegt, zeigt er Verständnis für alles, was sich kulturell vom Herkömmlichen absetzt, reagiert jedoch mit völligen Unverständnis auf das, was politisch anders ist. „Der Ausgrenzung von unten (‚Wir sind das Volk', ‚Volksverräter') steht daher auch eine Ausgrenzung von oben gegenüber." (Manow 2018)

Ähnlich argumentiert der bulgarische Politikwissenschaftler Ivan Krastev. Die Unfähigkeit und die mangelnde Bereitschaft liberaler Eliten, die Migration und deren Folgen zum Gegenstand der Diskussion und der politischen Auseinandersetzung zu machen, wie auch die Behauptung, die gegenwärtige Politik sei für alle Beteiligten von Vorteil, habe dazu geführt, „dass der Liberalismus in den Augen vieler Menschen zum Synonym für Heuchelei geworden ist". (Krastev 2017)

Schaut man sich in Europa um, so fällt auf, dass sich Wahlverhalten und Erfolg populistischer Parteien in der Stadt anders ausnehmen als auf dem Land. So haben die urbanen Eliten in der Türkei oder in Ungarn und Polen gerade nicht die AKP, FIDESZ oder PIS gewählt. Dafür haben diese rechtspopulistischen Regierungsparteien auf dem Land ihre größten Erfolge verzeichnen können.

Die Aufspaltung und stetig wachsende ökonomische und infrastrukturelle Kluft zwischen Metropolenregionen und der Provinz spielen im Vereinigten Königreich ebenso wie in Italien und vor allem in Frankreich eine gewichtige Rolle. Denn die populistischen Parteien feiern ihre Erfolge nicht maßgeblich bei den real abgestiegenen Bevölkerungsschichten und Verlierern der Globalisierung, sondern bei jenen Bevölkerungsteilen in der Peripherie, die möglicherweise in Zukunft vom sozialen Abstieg und dem Verlust ihres bisherigen gesellschaftlichen Status bedroht sind und befürchten, abgehängt zu werden.

Gelbwesten

Frankreichs Präsident Macron hat trotz seiner Reformbemühungen mit diesen Aufspaltungen zu kämpfen. Die Politik seiner Vorgänger hat ein zerklüftetes Land hinterlassen, misslungene Integration und Stadtplanung in den Banlieues und eine immer öder werdende Provinz, die infrastrukturell tatsächlich bereits abgehängt ist. Die inzwischen wieder abgeklungene Bewegung der *Gilets jaunes* war dafür ein eindrückliches Warnsignal und der Geograf Christophe Guilluy der Erste, der mit seinen eingehenden Analysen verschiedener Regionen, Bevölkerungszahlen und Wahlresultaten die sozialen Verwerfungen kartografierte. Schon im französischen Wahlkampf machte er auf sich aufmerksam, als er davon sprach, dass mit zunehmender Distanz zum nächsten Bahnhof die Bereitschaft, Le Pen zu wählen, kräftig steige. Guilluys zentrale These besagt, dass die Spaltung Frankreichs heute nicht mehr hauptsächlich zwischen den wohlhabenden und schicken Stadtzentren und den verwahrlosten Vorstädten verläuft, sondern zwischen den Ballungsräumen der Metropolen und der Provinz. Abseits der Metropolen sei ein zunehmend zersiedeltes Restgebiet entstanden, „la France périphérique", und inzwischen profitierten daher etwa Vorstadtbewohner arabischer und afrikanischer Herkunft eher von ökonomischen Entwicklungen als kleine Angestellte, Kleinbauern oder Rentner in entlegenen Regionen. Weil Christophe Guilluy, der von seinen Kritikern als „Linksreaktionär" bezeichnet wird, diese Spaltung der Republik frühzeitig erkannt hat, gilt er als Prophet der *Gilets jaunes*. Sein Buch *No Society* hat 2018 nicht nur in Frankreich Furore gemacht.

An der Revolte der Gelbwesten, die ihren Ausgang mit der Verkündung einer Dieselsteuererhöhung nahm, beteiligte sich ein breites gesellschaftliches Spektrum. Nicht nur der prekäre Mittelstand protestierte, sondern auch Handwerker, Kleinunternehmer oder Gewerbetreibende, die sich politisch weder links noch rechts einordneten. Selbst dann noch, als die Proteste militant ausarteten und Rechts- wie Linksradikale mitmischten, zeigten Umfragen, das drei Viertel der Franzosen die Bewegung der Gelbwesten guthießen. Dabei war laut Guilluy weniger die Angst vor Identitätsverlust ausschlaggebend, sondern vielmehr eine unsichtbare Grenze: Die oberen, wirtschaftlich dynamischen Schichten können ihr Wohnviertel in Paris und die Schulen für ihre Kinder frei wählen. In einer Kleinstadt aber oder auf dem Dorf sei dies nicht möglich. Umso bedrohlicher erscheine es daher, wenn ein Krankenhaus geschlossen, die Schule in die nächst größere Stadt verlegt wird oder der Bäcker keinen Nachfolger findet. (Guilluy 2018)

Nicht Macrons Reformen waren der Anlass für die Revolte der Bürger, sondern der Umstand, dass sich ein Teil der Bevölkerung vergessen oder gar verachtet fühlte. Die betroffene, untere Mittelschicht der „France périphérique" gehört zu den Globalisierungsverlierern, ist aber nicht arm genug, um von staatlichen Sozialleistungen zu profitieren, und daher war die „angekündigte Treibstoffsteuer … für diese aufs Auto angewiesenen Leute gewissermaßen der Topfen, der das Fass zum Überlaufen brachte: Die vergessene Schicht zog eine gelbe Weste an, um sich sichtbar zu machen", fasst der Philosoph Alain Finkielkraut 2019 zusammen. Die Grundbotschaft der Aufbegehrenden an den Präsidenten hält dieser einstige Linke und heutige Nouveau Philosophe für wichtig. Frankreich sei kein großes globales Start-up, sondern es gebe da noch ein anderes, älteres Frankreich, mit dem die Politik rechnen müsse.

Anfangs ging es den Gelbwesten um gesellschaftliche Anerkennung und Sichtbarkeit: Bevölkerungsgruppen kamen zusammen, die zuvor weder in Gewerkschaften noch anderweitig organisiert gewesen waren. Finkielkraut beobachtet – wie auch seine deutschen intellektuellen Kollegen – eine Krise der Repräsentation, auf welche die Revolte reagierte. Bemerkenswert findet er das Moment politischer Kreativität und findet sehr bezeichnend, dass sich die Gelbwesten auf Verkehrskreiseln versammelten: „Auf den Kreiseln kommen die Verkehrsflüsse zusammen, sie sind damit quasi eine moderne Form der alten Plätze, und durch die Proteste wurden sie zu echten Agoren oder Foren."

Präsident Macron reagierte umgehend: Im Dezember 2018 kündigte er Maßnahmen im Wert von rund zehn Milliarden Euro an, und unter anderem wurde eine Erhöhung des Mindestlohns beschlossen. Vor allem begegnete er dem Vorwurf, in Paris völlig abgehoben von den Nöten der Bevölkerung zu regieren. Er lancierte landesweit Gesprächsrunden, den sogenannten Grand Débat, und ließ sich persönlich an Versammlungsorten und in Rathäusern blicken. Dabei handelte es sich nicht um ein Medienspektakel, sondern um ernsthafte Dialoge zwischen Bürgermeistern und dem Präsidenten, bei denen alle Themen auch die Einwanderung und misslungene Integration, auf den Tisch kamen. Die Debatte stieß in der Bevölkerung auf großes Interesse, entscheidender ist aber, ob und wie die vielen Gespräche letztlich in politische Beschlüsse und Taten mündeten. Eine große Reform des Öffentlichen Dienstes und die Schließung der Eliteuniversität ENA waren immerhin erste Folgen.

Im Verlauf der Monate veränderte sich die Protestbewegung der Gelbwesten. Nicht nur ihre Militarisierung wurde zum Problem, sondern auch die zunehmende Weigerung zum Dialog. Finkielkraut selbst geriet am 16. Februar 2019 in Paris Montparnasse auf dem Weg in seine Wohnung in eine Gelbwesten-

Demonstration. Videos von Passanten zeigen, wie mehrere Gelbwesten den Philosophen beleidigten. Als „Drecksrassist" wurde er beschimpft und „Du wirst sterben" riefen sie ihm zu. Auf den Videos konnte man einen jungen, bärtigen Mann sehen, der ein Palästinensertuch schwenkte und Finkielkraut entgegenbrüllte, „Frankreich gehört uns!" Andere Gelbwesten stimmten ein und riefen, „Wir sind das Volk". Laut Innenministerium war der Hauptangreifer den Geheimdiensten, wie die Untersuchungen ergaben, als radikaler Islamist bekannt.

Der französische Schriftsteller Pascal Bruckner, auch ein Repräsentant der antitotalitären Intelligenz, sieht die Bewegung der Gelbwesten sehr viel kritischer – auch bereits vor diesem antisemitischen Angriff. Er stellte im Gespräch mit der *Neuen Zürcher Zeitung* 2019 die *Gilets jaunes* stärker in den Kontext der rechtspopulistischen Revolte in ganz Europa. Sie verkörperten nicht das „wahre Frankreich". Nach den islamistischen Attentaten von 2015 habe sich das Land zwar gut gehalten, Pogrome und Racheakte seien ausgeblieben. In der Krise, welche die *Gilets jaunes* heraufbeschworen haben, hätte jedoch Frankreich seine schlimmsten Schwächen wiederentdeckt. Bruckner räumt ein, dass der Ausgangspunkt der Revolte gegen die Erhöhung der Dieselsteuer legitim gewesen sei. Doch schon nach zwei Monaten sei die Bewegung umgeschlagen in gewaltsame Proteste. Die Demonstranten prangerten nicht nur die ungleiche Verteilung der Einkommen an, sondern lehnten vor allem Eliten ab, die politischen Repräsentanten ebenso wie die Reichen im Allgemeinen. Schnell wurden die Gelbwesten zudem von der extremen Rechten und Linken umworben. Bruckner verweist auf unzählige Geschäfte, die wegen der *Gilets jaunes* schließen mussten, auf Firmen, die Angestellte entließen, und auf Milliardenbeträge, die seit Beginn der Proteste verloren gingen. All das sei nicht Macrons Schuld: „Auch die Globalisierung kann nichts dafür, nein, es ist hier das Volk, das das Volk im Namen des Volkes unterdrückt. Häufig gibt es gute

Gründe für Revolten, aber das gibt niemandem das Recht, alles zunichtezumachen – auch nicht jenen, die vorgeblich zu den ‚Unterdrückten' gehören und ihr Leiden in allen Nachrichtensendungen vorzeigen." (Bruckner 2019)

In Frankreich zeigt sich nach wie vor eine ausgeprägte Linksdrift bei Intellektuellen. In Anknüpfung an die ruhmreiche Französische Revolution wird zunächst jeder Protest und jede soziale Bewegung, die vom Volke ausgeht, gefeiert. Die Solidaritätsbekundungen für die Gelbwesten von intellektueller Seite blieben daher zunächst nicht aus. Auch der in deutschen Feuilletons gefeierte Philosoph Didier Eribon – dessen autobiografisches Buch über seine proletarische Herkunft, *Rückkehr nach Reims,* in Deutschland zum Bestseller wurde – hob die Gelbwesten begeistert aufs revolutionäre Podest.

Es gibt jedoch neben den Linksintellektuellen erfreulicherweise auch noch andere Köpfe, die unermüdlich klug intervenieren, wie der fast neunzigjährige französische Philosoph Michel Serres. Er hat noch kurz vor seinem Tod 2019 angesichts der Gelbwesten-Proteste in seinem Land auf das totale Missverhältnis hingewiesen zwischen einer Gesellschaft, die sich in den letzten zwanzig Jahren völlig verändert hat, und einer Politik ohne Antworten darauf. Vor allem vermisst er angesichts des rasanten Wandels und der sozialen Umwälzungen eine Anpassung der staatlichen Institutionen. Das Gleichgewicht zwischen Gesellschaft und Institutionen sei ebenso verloren gegangen wie zwischen den Bürgern und ihrer politischen Repräsentation – und das nicht nur in Frankreich. Solche Einlassungen von Intellektuellen würde man auch gern häufiger in Deutschland hören.

Von einer Politik, die keinen Sinn mehr stiftet, die europaweit haltlos wirkt, emsig um ihren Machterhalt bemüht, aber weder steuernd noch innovativ, sind zur Zeit nicht unbedingt gewichtige Impulse zur Stärkung des gesellschaftlichen Zusammenhalts zu erwarten. Ob der intellektuelle Präsident

Macron mit seiner neuen Partei und Reformpolitik langfristig die Leerstelle der verschwundenen Volksparteien erfolgreich neu besetzen und Vertrauen in die Politik und die politische Klasse zurückgewinnen kann, steht in den Sternen. Und ein neuer gesellschaftlicher Zusammenhalt, gar eine Heimat, lässt sich weder verordnen, noch herbeireden oder in paternalistisch volkspädagogischer Manier von oben herab einbläuen. Die Politik könnte aber durchaus gute Rahmenbedingungen dafür schaffen und Anstöße liefern wie in Frankreich mit dem Grand Débat geschehen. Das Ziel müssten dann auch bei uns funktionierende Institutionen, eine tatsächlich repräsentative Demokratie und Parteien sein, denen die Bürger Vertrauen schenken können und die sich für die Chancengerechtigkeit aller einsetzen.

Wie viel Heimat braucht der Mensch?

Streitpunkt Nation

Auch in Deutschland wird spätestens seit der Flüchtlingskrise über den Zerfall des gesellschaftlichen Zusammenhalts gemutmaßt und gestritten. Die Pegida-Bewegung hat sich zwar nicht über die neuen Bundesländer hinaus ausgebreitet und eine Relevanz wie die Gelbwesten-Bewegung erlangt, aber es rumort kräftig in unserer Republik.

Entstehen des gesellschaftlichen Zusammenhalts

„Wenn komplexe Gesellschaften und politische Gemeinwesen auf Dauer bestehen sollen, müssen sie auf mehr bauen können als auf das reibungslose Funktionieren ihrer administrativen Organisationsstrukturen und die liberalen Freiheitsgarantien für die Bürger. Mit Begriffen wie Wir-Gefühl, Solidarität, Gemeinsinn etc. ist dieses Desiderat naturgemäß höchst unzulänglich und auch höchst vage umschrieben" , sagt der Rechtsphilosoph und Staatsrechtler Horst Dreier. (Dreier 2018)

Der Soziologe Norbert Elias hat in seinen grundlegenden Werken *Über den Prozess der Zivilisation* und *Die Gesellschaft der Individuen* den über Jahrhunderte währenden Weg der westlichen Gesellschaften hin zu modernen, freiheitlich-demokratisch verfassten Gemeinwesen rekonstruiert. Er hat sehr plausibel nachgezeichnet, wie normative Ordnungen entstehen, im Wechselspiel zwischen Soziogenese und Psychogenese, und sich zugleich das Individuum herausbildet. Die Individualisierung ist der wichtigste Baustein dieses Zivilisierungsprozesses. Auf der einen Seite verändert sich dabei die menschliche Psyche und auf der anderen Seite die Art und Weise der gesellschaftlichen Integration der Individuen. In diesem fortschreitenden Individualisierungsprozess lösen sich Menschen aus traditionellen Bindungen, ziehen größere soziale Kreise, in die sie dann eingebunden sind, und stärken sukzessive ihre Selbstverantwortlichkeit.

Denn in den traditionalen Gesellschaften dominierten sogenannte Wir-Identitäten, Ich-Elemente waren noch schwach entwickelt. Die Vielfältigkeit der sozialen Kontexte in der Moderne verlangt schließlich vom Einzelnen, aus einer großen Menge von Wir-Elementen auszuwählen, denn er ist inzwischen Teil vieler heterogener sozialer Gruppen geworden. Aufgrund der verschiedenen Zugehörigkeiten wählt er eigenständig Identifikationen und bildet seine individuelle Ich-Identität aus.

Je stabiler diese ist, desto eher gelingt die autonome Selbststeuerung in unterschiedlichen sozialen Kontexten und ermöglicht damit soziale Teilhabe. Diese unterschiedlichen Identifikationsmöglichkeiten konstituieren sich in konzentrischen Kreisen: die Familie, die Nachbarschaft, die Stadt, die Region, die Nation oder Europa. Aber auch religiöse Orientierungen, Arbeitszusammenhänge, Freizeitbeschäftigungen und kollektiv geteilte Lebensstile stiften Identität. Und es sind heute – das war ja die große Errungenschaft im westlichen Zivilisations- und Emanzipationsprozess der westlichen Gesellschaften – in der Regel keine Identitäten, die auf Zwang beruhen. Früher unterlag der Einzelne der sozialen Kontrolle und dem Schutz der archaischen Stammesgesellschaft, der Sippe, der Dorfgemeinschaft, später der Gutsherrschaft, der Zunft oder dem Stand. Erst aus dem über Jahrhunderte währenden Modernisierungsprozess der westlichen Gesellschaften ist Zug um Zug das selbstbewusste Individuum emporgestiegen, im Wechselspiel zwischen dem Wandel der sozialen Ordnungen und dem

Emanzipationsprozess des Einzelnen. So differenzierten sich soziale Strukturen und Arbeitsteilungen immer weiter aus und veränderten sich ständig. Sie gründeten in natürlichen Voraussetzungen, aber auch in geistigen Kapazitäten, sie waren rational und irrational zugleich. Es waren bewusste und unbewusste Dynamiken und Ordnungselemente am Werke, und es entstand ein fein gesponnenes Regelwerk aus Sprache, aus Sinnstrukturen, aus Werten und Traditionen. All dies macht die Bindekraft einer Gesellschaft aus.

Im Westen etablierte sich damit eine soziale Ordnung, die einerseits stabil und andererseits flexibel und elastisch ist – eingerahmt von Demokratie, Rechtsstaat und sozialer Marktwirtschaft. Für jeden Einzelnen und für eine immer größere Zahl erweiterten sich damit die Lebenschancen. Auf der einen Seite bedeutete dies einen immensen Zugewinn an individueller Freiheit. Auf der anderen Seite wuchs jedoch auch die Anforderung, sich stärker um sein eigenes Leben zu kümmern und mehr Verantwortung für sich selbst zu übernehmen. Die Zunahme an Mobilität und Wahlmöglichkeiten, nämlich die eigene Biografie eigenständig, jenseits der Zwänge seiner Herkunft gestalten zu können, eröffnete die Möglichkeit, neue Wege einzuschlagen. Mit der Freiheit, selbst entscheiden zu können, ist zugleich der Zwang größer geworden, selbst entscheiden zu müssen, und die Vielfältigkeit der Alternativen ist zuweilen anstrengend. Außerdem wächst das Risiko für den Einzelnen, auf dem selbst gewählten Weg möglicherweise zu scheitern. Deshalb macht sich auch immer wieder eine Art Freiheitsmüdigkeit breit, verbunden mit dem Wunsch, die anstrengende Selbstverantwortung wieder abgeben zu wollen. In Zeiten von Ungewissheit, Unübersichtlichkeit und Kontrollverlust ist dann die Neigung besonders ausgeprägt, sich von der großen Gesellschaft abzuwenden, in der man sich schutzlos fühlt. Schutz wird dann in kleineren Gemeinschaften und Kollektiven gesucht, die mehr

Geborgenheit, Richtungsweisung und Sinn, Einigkeit und Ähnlichkeit versprechen.

Deshalb wird auch heute wieder eine „Wirlosigkeit" (Norbert Elias) beklagt, und Zweifel über die Erfolgsgeschichte der westlichen Gesellschaften werden lauter geäußert. Möglicherweise sei der Preis für die Individualisierung die Entsolidarisierung. Der gesellschaftliche Zusammenhalt sei vor allem gefährdet aufgrund zunehmender sozialer Ungleichheit. So hört man von der Linken im marxistischen Duktus. Die Schere zwischen Arm und Reich gehe immer weiter auseinander. Der Staat habe deshalb vermehrt durch Umverteilung für soziale Gerechtigkeit Sorge zu tragen. In der Regel wird darunter Ergebnisgerechtigkeit und weniger Chancengerechtigkeit verstanden. Auch der Soziologe Heinz Bude ist der Meinung, man müsse den Begriff der Solidarität wieder stark machen, den sich in letzten Jahren die Rechtspopulisten gekapert hätten. (Bude 2019) Tatsächlich fällt auf, dass diese europaweit den Sozialstaat auf ihrer Agenda haben, was früher die Linken als Thema besetzt hielten. Bude rät in seinem Buch 2019 daher auch der SPD, zur Selbstrettung das Wir-Gefühl wieder in den Fokus zu rücken, und plädiert für mehr Mitmenschlichkeit.

Ob dies allerdings genügt für eine Neufundierung des gesellschaftlichen Zusammenhalts? Es scheint, dass nicht einmal eine funktionierende hoch differenzierte Arbeitsteilung und Wirtschaftsordnung, der gut ausgebaute Sozialstaat, eine rechtsstaatliche Rahmung und die politischen Institutionen und Procedere der Demokratie ausreichen, um diesen Zusammenhalt der Gesellschaft stabil zu halten. Denn es handelt sich um Bindekräfte und Loyalitäten die über die Vernunft und den Intellekt hinausgehen. Ralf Dahrendorf sprach deshalb von „Ligaturen", gewissermaßen die subjektive Innenseite der Normen, die erst die sozialen Strukturen garantieren.

Die Bedeutung nationaler Grenzen

Eine staatliche Rahmung dafür scheint allerdings unerlässlich. Jene Grenzenlosigkeit, die viele Repräsentanten der kosmopolitischen Elite vertreten, eine offene Gesellschaft, die keine Grenzen nötig habe, wird es sobald nicht geben. Grenzen rahmen bis jetzt eine politische und soziale Ordnung, und der Rechtsstaat legitimiert sie. Sie sind Voraussetzung dafür, dass Menschen als Staatsbürger Rechte haben und Pflichten erfüllen. Staaten und ihre Bürger entscheiden deshalb in der Regel darüber, wen sie unter welchen Bedingungen in ihr Gemeinwesen aufnehmen. Es gibt kein Menschenrecht auf Niederlassung für jeden in jeder Ecke der Welt.

Viele Intellektuelle schwärmen vom Weltbürgertum, beschwören den Postnationalismus und halten den Nationalstaat für überflüssig und antiquiert. Jürgen Habermas etwa hat anlässlich eines Vortrags in Frankfurt am Main zu seinem 90. Geburtstag im Sommer 2019 wie gewohnt die Einheit Europas beschworen. Den nationalen – und insbesondere wirtschaftsnationalen – Egoismus der Staaten könnten die Völker erst überwinden, wenn sie „das borniert Bewusstsein ihrer nationalstaatlichen Kulturen durchbrechen". Dem hatte schon Ralf Dahrendorf zu seinen Lebzeiten energisch widersprochen. Ihm nach sei der Nationalstaat zwingend notwendig als „Gehäuse des Rechtsstaats". Er hat immer wieder bemängelt, dass deutsche Intellektuelle wie Habermas und seine Schüler mit Bezug auf die nationalsozialistischen Verbrechen mit dem Nationalstaat hadern und ihn als Fehlkonstruktion ansehen, die zu überwinden sei.

Auch für Francis Fukuyama ist eine nationale Identität die Voraussetzung für das Funktionieren liberaler Demokratien. Denn sie beruhen auf einem impliziten Vertrag zwischen Bürgern und Regierung sowie zwischen Bürgern untereinander, das heißt ein Gesellschaftsvertrag hält sie zusammen. Er schreibt in seinem Werk *Identität. Wie der Verlust der Würde unsere Demokratie gefährdet:* „Demokratie bedeutet, dass das Volk Souveränität ausübt, doch wenn sich nicht festlegen lässt, wer die Bürger sind, können keine demokratischen Entscheidungen getroffen werden. Folglich wird die Ordnung im In- und Ausland von der andauernden Existenz liberaler Demokratien mit je einer notwendigen, das heißt inklusiven, nationalen Identität abhängen." (Fukuyama 2019) Gleichermaßen betont der Politologe Mark Lilla, ohne Grenzen gebe es kein Zugehörigkeitsgefühl, „keine Zugehörigkeit, keine Nationalstaaten, keine Nationalstaaten, keine Demokratie, keine Demokratie, keine wirtschaftliche Gerechtigkeit im Zeitalter der Globalisierung." (Lilla 2019)

Und was bedeutet der soziale und politische Zusammenhalt einer Nation, die aufgrund ihrer Geschichte, ihrer kulturellen Prägungen und dem kollektiven Gedächtnis immer eine besondere und unverwechselbare ist? Was umschließen heute die Begriffe Patriotismus und Heimat? Der saarländische Ministerpräsident Tobias Hans hat die „Bekenntnisnation" in die Debatte geworfen, um von einer Kulturnation Abstand zu nehmen. Der Begriff unterscheidet sich jedoch nicht wesentlich von jenem Verfassungspatriotismus, den Dolf Sternberger eingeführt hatte und den Habermas als eine Ablösung von und Alternative für ein Nationalgefühl aufgriff, das den Deutschen nach Auschwitz nicht mehr zustehe. Doch dieser Verfassungspatriotismus mutet bis heute sehr abstrakt an. Natürlich bekennt man sich mit der Staatsangehörigkeit zur freiheitlichen Grundordnung des Grundgesetzes. Im Gegenzug werden die Freiheiten des Staatsbürgers geschützt, der damit Rechteinhaber wird und die Möglichkeit der sozialen und politischen Partizipation hat. Es sind nach der Erfahrung der nationalsozialistischen Diktatur ausdrücklich die individuellen Rechte und keine kollektiven, die in der Verfassung verankert sind. Das Grundgesetz stellt klar, dass der gesellschaftliche Zusammenhalt in der Freiheit des Einzelnen gründet und zugleich Vielfalt und Gemeinsinn komplementär sind.

Doch die Gewährung dieser Freiheiten und Rechte macht aus einem Staatsbürger noch keinen Patrioten, wie wir nicht erst seit den Loyalitätskonflikten des Fußballspielers Mesut Özil wissen. Er schmähte nicht nur die deutsche Nationalhymne, sondern demonstrierte die starke Verbundenheit mit seinem autoritären Landesvater Erdoğan so ausgeprägt, dass Irritationen hierzulande den Streit um deutschen Patriotismus und doppelte Staatsbürgerschaften kräftig anfeuerten.

Gesellschaften, die von Migration geprägt sind, bei denen alltäglich die Integration auf der Agenda steht, müssen sich in jedem Fall damit auseinandersetzen, was das Gemeinsame und das Gemeinwohl eines Staates ist. Der Konstanzer Rechtswissenschaftler Daniel Thym fürchtet deshalb, dass der Verfassungspatriotismus schnell an seine Grenzen gerate. Die identifikatorische Gemeinwohlorientierung lebe nicht nur von rechtsförmlichen Vorgängen, haben wir es doch immer mit einem sozialen Zusammenhalt jenseits der Verfassung zu tun. Es geht in öffentlichen Debatten eben keineswegs nur um politische Themen, sondern auch um lebensweltliche Alltagspraxis. Diese Praktiken und Normen prägen den sozialen Zusammenhalt weit über das politisch-demokratische und rechtliche Regelwerk hinaus und unterliegen Wandlungsprozessen. Eine Bürgergesellschaft in einem demokratischen Staat gründet in gegenseitigem Kennen und Vertrauen und der reziproken Akzeptanz, ein und demselben Gemeinwesen anzugehören. Zu diesem Geteilten zählen die gemeinsame Sprache und ihre alltägliche Ausübung ebenso wie ein kulturelles Erbe und eine gemeinsame Geschichte. Eine Nation ist deshalb immer auch geteilter Erfahrungsraum und eine Erinnerungsgemeinschaft. Sie stiftet den Rahmen für eine kollektive, nationale Identität. Wie schwierig dies mitunter sein kann, erleben wir auch dreißig Jahre nach der Wiedervereinigung immer wieder aufgrund der unterschiedlichen Erfahrungen, die Ostdeutsche und Westdeutsche im geteilten Land gemacht haben und erinnern.

Von der Zuwanderung aus anderen Kulturen ist deshalb auch die Alltagspraxis einer Nation berührt. Über viele Jahre galten diese Alltagspraktiken als Privatsache, doch seit einiger Zeit hat sich dies im Zuge der Debatte über den Multikulturalismus verändert. Früher herrschte die Meinung vor, jeder könne auf seine Art und Weise glücklich werden, solange er nicht gegen Gesetze verstoße. Der Staat habe sich neutral zu verhalten. Doch nachdem sich gezeigt hat, dass sich die Integration vieler Menschen aus patriarchalisch-archaischen Kulturen schwierig gestaltet, wird nun auch über die kulturellen Grundlagen der Integration gestritten. Die Debatte über eine Leitkultur ist wieder neu entbrannt.

Die Schriftstellerin Thea Dorn plädiert in ihrem Buch *Deutsch, nicht dumpf* (Dorn 2018) dafür, anstatt einer solchen Leitkultur besser den Begriff der „Leitzivilität" zu etablieren. Dabei möchte sie den Verfassungspatriotismus um einen Kulturpatriotismus ergänzen. Zu unserer kulturellen Identität zählt sie in jedem Fall auch die deutsche Kultur und scheut sich nicht, sich auf den oft geschmähten deutschen Romantiker Johann Gottfried Herder zu berufen. Besonders in Intellektuellenkreisen stießen seine Ausführungen über die deutsche Kulturnation auf Kritik und Skepsis. Dabei ist seine Erkenntnis, Heimat sei dort, wo wir uns nicht erklären müssten, immer noch plausibel. Sozialer Zusammenhalt, Zugehörigkeits- und Heimatgefühle sind eben nicht nur vernünftige Angelegenheiten und Sache des Intellekts. Sie berühren die Sinne, sind nicht immer ohne Weiteres rational begründbar und verweisen auf irrationale Bezüge, die sich nicht unmittelbar erschließen lassen. Sprache, Lieder, Feste und Rituale zählen ebenso zum gemeinsamen kulturellen Erbe und kollektiven Gedächtnis.

Auch der Schriftsteller Jean Améry stellte sich die Frage, „wie viel Heimat braucht der Mensch?" Er habe 27 Jahre Exil hinter sich und seine geistigen Landsleute seien Proust, Sartre und Beckett. Dennoch sei er immer noch überzeugt, dass man Landsleute in Dorf- und Stadtstraßen haben müsse, wenn man sich an der geistigen Heimat erfreuen wolle. Ein kultureller Internationalismus könne nur im Erdreich nationaler Sicherheit recht gedeihen. „Man muss Heimat haben, um sie nicht nötig zu haben", schrieb er in seinen autobiografischen Essays aus den 1960er-Jahren (Améry 1966). Er kritisierte entsprechend jene jungen Leute der damals entstehenden Studentenbewegung, die den Internationalismus und Kosmopolitismus feierten und das Wort Heimat verächtlich machten, weil es als rechtslastig, als Markenzeichen der Vertriebenenverbände und kontaminiert vom Nationalsozialismus galt.

Der Schriftsteller und Philosoph Rüdiger Safranski, der selbst in seiner Jugend glühender Maoist war und gern die Internationale anstimmte, sagt heute, wir könnten zwar global kommunizieren und agieren, aber nicht im Globalen wohnen. Auch er kritisiert deshalb die abgehobenen, kosmopolitisch orientierten Eliten, die sich als stolze Weltbürger präsentieren und Heimatbezüge verächtlich als provinziell brandmarken.

Ob nun ausgerechnet ein Heimatministerium in Berlin – so benannt nach dem amerikanischen Vorbild des Heimatschutzministeriums – den zerbröselnden gesellschaftlichen Zusammenhalt staatlicherseits und vom Innenminister initiiert aufhalten kann, scheint fraglich. Es lohnen sich wohl eher breite Debatten darüber, was heute Heimat und ein aufgeklärter Patriotismus bedeuten könnten. Womöglich ist ein Dissens, wenn er im Modus einer geregelten Auseinandersetzung ausgetragen wird, in der Zukunft viel wichtiger als die immer wieder gestellte Frage, worin in einer mittlerweile zerklüfteten, gespaltenen, heterogenen und pluralen Gesellschaft letztendlich das Gemeinsame und Verbindende liegt. „Nicht vager Konsens, sondern wohlgeordneter Dissens wäre dann das Programm – freilich in einer Art von verfassungsrechtlicher Rahmenordnung, deren Verbindlichkeit im Kern nicht infrage gestellt werden dürfte. Integrativ kann eben auch der friedliche Streit der Meinungen wirken", so der Staatsrechtler Horst Dreier. (Dreier 2018)

Migration und Integration

Die Situation seit 2015

Einen Dissens, wenn auch nicht immer in geordneter Form, hatten wir in ausgeprägter Weise anlässlich der europaweiten Flüchtlingskrise 2015/2016. Damals waren über eine Million Flüchtlinge und Migranten nach Deutschland eingereist, besonders viele aus Syrien auf der Flucht vor dem dortigen Bürgerkrieg.

Die Flüchtlingskrise wirkte gewissermaßen als Verstärker all jener politischen und sozialen Verwerfungen, von denen schon die Rede war. Die Finanzkrise hatte bereits das Vertrauen in die Marktwirtschaft und wirtschaftlichen Akteure kräftig untergraben. Die Euro-Schuldenkrise schürte darüber hinaus das Misstrauen gegenüber der EU und ihren Institutionen sowie gegenüber dem politischen Personal auch auf nationaler Ebene. Fragwürdige Rettungsaktionen fanden am Parlament vorbei statt und befeuerten die Krise der demokratischen Repräsentation. Und nun kam auch noch die Flüchtlingskrise obendrein. Europaweit dokumentierte sie die nationale Überforderung der Einzelstaaten und gestaltete sich zugleich als ein Trauerspiel europäischer Uneinigkeit, das bis heute währt.

Die Bundeskanzlerin, große Teile der Regierung und der Medien hatten zu Beginn die Politik der Willkommenskultur und offene Grenzen als alternativlos dargestellt, aus humanitären, kosmopolitischen und auch wirtschaftlichen Gründen.

Eine breite politische Debatte wurde anfangs unter dem De-
ckel gehalten, in der Öffentlichkeit und im Parlament. Das
grüne und kirchliche Lager als Verteidiger der Humanität und
multikulturellen Vielfalt propagierte am vehementesten offene
Grenzen. Auch in den Medien, vor allem im öffentlich-rechtlichen Rundfunk wurde die Politik der Willkommenskultur
durchgängig gelobt. Auf der anderen Seite gab es in der Bevölkerung zunehmend Vorbehalte gegenüber einer unkontrollierten Einwanderung. Eine Minorität offen fremdenfeind-
licher Kräfte versuchte, Panik zu schüren. In jedem Fall zeigte
sich alsbald, dass die Erfahrung der Flüchtlingskrise die Nation spaltete, und der Riss ging nicht nur durch politische Lager, sondern ging quer durch Familien und Freundeskreise.

Angesichts der Migrationsbewegung in Richtung Europa
und insbesondere Deutschland schien vielen hierzulande erst
zu dämmern, wie begehrt diese Ecke der Welt ist. Wohlstand,
Rechtsstaat, Marktwirtschaft, funktionierende repräsentative Demokratie und die Achtung der Menschenrechte sind
so attraktiv, dass auf dem Höhepunkt der Flüchtlingsbewe-
gung über eine Million Menschen ihr Leben riskierten, um in
Deutschland neu anzufangen. Sie flüchteten vor Armut, vor
Kriegen und Bürgerkriegen in gescheiterten oder zerfallenden
Staaten des Mittleren Ostens, vor afrikanischen Diktatoren,
islamistischen Terrorgruppen und dem barbarischen Terror
des damals noch kräftig agierenden Islamischen Staates. Sie
kamen aus Syrien, aus dem Irak oder Afghanistan, deren reli-
giös-politische Kulturen samt ihrer Staaten gescheitert waren,
das blutige Chaos im Nahen Osten verursacht und die Menschen in die Flucht geschlagen hatten.

Neben politischen Flüchtlingen wollen auch Wirtschaftsmigranten aus dem Balkan und anderen Ecken der Welt weiterhin am westlichen Wohlstand partizipieren. Alle begehren
genau das, was ihre Herrscher hassen und vernichten oder
gar nicht erst zulassen wollen: eine freiheitliche wirtschaft-

liche und politische Ordnung, den gut ausgestatteten Sozialstaat, die Einhaltung der Menschenrechte und unseren modernen westlichen Lebensstil. Dabei kollidieren allerdings
unterschiedliche Werte: auf der einen Seite das hohe Gut der
Freizügigkeit und Mobilität, Reisefreiheit und Niederlassungsfreiheit, auf der anderen Seite der Rechtsstaat, der die Gewährung des politischen Asyls regelt und dafür sorgen muss, dass
dieses Grundrecht nicht von Wirtschaftsmigranten ausgehöhlt
wird. Die Kluft zwischen dem Recht und der Realität war in
Deutschland jedoch selten so groß wie in den Jahren 2015 und
2016, weshalb Verfassungsrechtler Alarm schlugen. Auch der
ehemalige Präsident des Bundesverfassungsgerichts Hans-Jürgen Papier kritisierte Anfang 2016 die Bundesregierung: Die
Flüchtlingskrise offenbare ein eklatantes Politikversagen. Die
engen Leitplanken des deutschen und europäischen Asylrechts
seien gesprengt und bestehende Regelungen an die Wand gefahren worden. Doch der Verfassungsstaat müsse funktionieren, er dürfe durch die Politik nicht aus den Angeln gehoben
werden. Wenn jedoch über das Asylrecht Migrationspolitik
betrieben würde, dann gehe das am Gesetz vorbei. Ihn empörte vor allem, dass der Bundestag an all dem nicht beteiligt
worden war. Wie viel Zuwanderung dieses Land verträgt, benötige oder hinzunehmen bereit ist, sei eine politische Grundsatzentscheidung, die das Parlament zu treffen habe.

Eine Mehrheit der Bevölkerung hatte sich lange Zeit hilfsbereit und aufgeschlossen gegenüber den Neuankömmlingen gezeigt. Doch die Erfahrungen der Kölner Silvesternacht
2015/2016 sorgten erstmals für eine breite öffentliche Debatte.
Hunderte Frauen wurden Opfer organisierter sexueller Übergriffe vonseiten arabischstämmiger junger Männer am Bahnhofsplatz vor dem Kölner Dom. Die Gewaltausbrüche dieses
tobenden Mobs in Köln und anderen Städten in der Silvesternacht waren Angriffe auf unseren Lebensstil und den öffentlichen Raum. Frauen wurden attackiert, weil sie Frauen sind,

gezieltes Sex-Mobbing fand statt, *taharrush gamea,* wie es in vielen arabischen Ländern zum Alltag gehört. Die Angriffe wurden im öffentlich-rechtlichen Rundfunk anfangs verschwiegen, weil Redakteure befürchteten, mit der ausdrücklichen Nennung der Täter und Taten – teils Intensivtäter vornehmlich aus den Maghreb-Staaten – womöglich Rassismus und Ausländerfeindlichkeit zu schüren. Es gab jedoch einige mutige Journalisten, die sich nicht an dieser Tabuisierung beteiligen wollten.

In den nachfolgenden Debatten wurde die wachsende Skepsis der Bürger gegenüber einer ungezügelten Einwanderung und mangelnder Integration vernehmbarer. Hinzu kam, dass sich unter den Asylbewerbern auch Terroristen und Gewalttäter befanden – wie u. a. der Fall des islamistischen Attentäters vom Berliner Breitscheidplatz, Anis Amri, zeigte, der im Dezember 2016 auf dem Weihnachtsmarkt zuschlug und zwölf Menschen tötete sowie 55 weitere verletzte. Er war europaweit bestens vernetzt in jener dschihadistischen Terrorszene, deren Attentäter im November 2015 bereits im Pariser Bataclan-Theater 131 Menschen ermordet hatten. Es folgten allein in Frankreich sechs weitere islamistische Anschläge. Blutiger Höhepunkt war das Massaker auf der beliebten *Promenade des Anglais* in Nizza, als ein Lkw-Fahrer am 14. Juli 2016, dem französischen Nationalfeiertag, mehr als 80 Menschen tötete.

Vor dem Hintergrund ständiger Terrorgefahr und dem Kontrollverlust des Staates auf dem Höhepunkt der Flüchtlingskrise veränderte sich die Stimmung in der Bevölkerung. Zugleich verlangte die Situation großes Improvisationstalent von überforderten Grenzbeamten, Polizisten und Kommunen, die die Registrierung und Unterbringung der Flüchtlinge unbürokratisch und menschenwürdig regeln mussten. Aufgrund der Grenzschließung in Österreich und den Balkanstaaten und dem umstrittenen Abkommen mit der Türkei, um den

Zustrom nach Griechenland zu minimieren, ist die Zahl der Flüchtlinge und Migranten dann deutlich gesunken.

Die politische Klasse hat die zu erwartende Völkerwanderung aus Krisengebieten der Welt jahrelang kleingeredet und war völlig unvorbereitet auf den Ansturm. Darüber hinaus weigerte sich Deutschland jahrzehntelang, sich als Einwanderungsland zu verstehen und den Neuankömmlingen Integrationsangebote zu machen. Immerhin wurde im Sommer 2019 endlich, nach langem Streit im deutschen Regierungslager, ein Anfang gemacht: Im Parlament wurde ein Migrationspaket verabschiedet, das zumindest einige Regelungen vorsieht. Doch von einem umfassenden Einwanderungsgesetz, das den neuen Herausforderungen gerecht würde, kann noch nicht die Rede sein.

Allerdings kann auch eine vom Staat kontrollierte Einwanderung und Asylgewährung nur gelingen, wenn unsere viel beschworene Willkommenskultur erwidert wird von einer Integrationswilligkeit der Einwandernden, einer Integrationspflicht und der umstandslosen Akzeptanz unserer im Grundgesetz verankerten freiheitlichen Werte. Sonst geraten genau jene westlichen Errungenschaften noch weiter unter Druck, die unsere offene Gesellschaft auszeichnen und uns weltweit so attraktiv machen. Vielen Migranten glückte die Integration, aber nicht allen. Deshalb ist auch eine kritische Selbstreflexion der Mehrheitsgesellschaft über Integrationsdefizite und unzureichende Angebote an die Neuankömmlinge der vergangenen Jahrzehnte nötig. Aufgrund mangelnder Durchlässigkeit und sozialer Mobilitätschancen sind nicht erst seit der Flüchtlingskrise Parallelgesellschaften entstanden, in denen sich Migranten abgeschottet haben. Auch die doppelte Staatsbürgerschaft ist ein Hemmnis für gelingende Integration. Seit einigen Jahren beobachten wir die damit einhergehenden Loyalitätskonflikte besonders in den türkischen Communities. Doch auch der NSU-Skandal war ein trauriges Beispiel für eine eklatante

Schieflage der Wahrnehmung und Ermittlung der Sicherheits-behörden. Alarmierend sind darüber hinaus zunehmende rechtsradikale Umtriebe in der Polizei, besonders in Sachsen.

Wir haben es immer wieder mit einem Dilemma zu tun, wenn sich die Werte Freiheit und Sicherheit, die der Staat seinen Bürgern gewähren muss, um ihre Freiheit zu schüt-zen, reiben. Denn im Zuge der Flüchtlingskrise beantragten nicht nur verfolgte Christen und aufgeklärte syrische Ärzte in Deutschland Asyl. Achtzig Prozent sind Ungelernte, zwei Drittel sind junge Männer aus arabisch-patriarchalischen, vom Islam geprägten Gesellschaften, kriegserfahren und teils schwer traumatisiert, darunter auch Kleinkriminelle, Islamis-ten, IS-Sympathisanten und Dschihadisten. Sie kommen aus Ländern, die ein gänzlich anderes Verständnis von Staat, Recht und Gesellschaft haben, oft verbunden mit Frauenfeindlich-keit, Homophobie und Antisemitismus.

Migration hat in den vergangenen Jahrhunderten natürlich auch Innovation und Wohlstand angetrieben, was allerdings nur dann funktionieren kann, wenn sie begrenzt und geordnet ver-läuft, wenn der Missbrauch des Asylsystems und des Sozialstaats unterbunden und die Anerkennungsverfahren deutlich verkürzt werden. Darüber hinaus muss Flüchtlingen schneller und un-komplizierter Zugang zum Arbeitsmarkt und den Kindern und Jugendlichen zu Schule und Hochschule ermöglicht werden.

Angela Merkels Politik der offenen Grenzen und der Will-kommenskultur ist indes nicht nur in Deutschland auf Kri-tik gestoßen. Sie hat sich damit in Europa isoliert, und eine gerechte Verteilung von Flüchtlingskontingenten innerhalb Europas ist immer noch nicht in Sicht. Die europäischen Au-ßengrenzen sind nach wie vor nicht geschützt. Griechenland war lange Zeit nicht willens, sie zu schützen, und auch nicht in der Lage dazu. Und ob die Türkei mit ihrer präsidialen Dik-tatur der geeignete Partner für eine nachhaltige Sicherung der Grenze sein kann, ist zweifelhaft.

Die von Migranten begehrten europäischen Staaten müssen indes Grenzen ziehen, um ihre mühsam erkämpften Werte und Lebensstile zu erhalten. Damit sich die Universalität der Menschenrechte im grundrechtlichen Raum entfalten kann, betonte der Rechtswissenschaftler und ehemalige Verfassungsrichter Udo Di Fabio, bedürfe es der Partikularität eines prinzipiell abschließbaren Staatsgebietes. Er machte damit auf einen dialektischen Widerspruch aufmerksam, um den niemand, weder theoretisch noch praktisch, herumkommt. „Ohne Grenzen und Begrenzbarkeit entfällt eine zentrale Voraussetzung des offenen Verfassungsstaates, ein funktionell beherrschbarer Personenverband zu sein, schon um seine Schutz- und Ordnungsfunktion berechenbar zu gewährleisten." (Di Fabio 2015)

Vielleicht sollte sich die deutsche Politik ein Beispiel an Emmanuel Macron und seiner Politik der „Humanität und Härte" nehmen, denn jedem müsste klar geworden sein, dass uns die Themen Migration und Einwanderungspolitik auf Dauer beschäftigen werden.

Intellektuelle Positionen

In jedem Fall gab es in der jüngeren Geschichte Deutschlands keine Debatte, die derartig polarisiert hätte. Bei unseren europäischen Nachbarn, die auch von massenhafter Einwanderung betroffen waren, konnte man eine ähnliche Dynamik beobachten. In Deutschland ist es allerdings bis heute nicht gelungen, eine „Sprache der Mitte" in dieser Debatte zu finden und sie so zu führen, dass die Argumente der Gegenseite als legitim respektiert würden und tatsächlich über verschiedene Handlungsoptionen offen gestritten worden wäre. Vor allem intellektuelle Stimmen jenseits dieser Polarisierung waren kaum vernehmbar.

Der Politikwissenschaftler Peter Graf von Kielmansegg repräsentiert sie jedoch erfreulich pointiert. Er hat früh darauf hingewiesen, wie die politische Debatte über Migration in eine moralische umgedeutet wurde. Doch jene, die moralisch argumentieren, in ihrem Selbstverständnis oft aus einer Position der Überlegenheit, seien häufig nicht bereit zu akzeptieren, dass man aus guten Gründen auch eine andere Position vertreten könne. Das führe dann dazu, „dass man nicht mehr miteinander diskutiert, sondern im Modus der Empörung und der Verachtung übereinander redet. Die moralische Umdeutung einer politischen Streitfrage erlaubt die Exkommunikation des Andersdenkenden." Auf der einen Seite positionierten sich jene, für die offene Grenzen ein moralischer Imperativ sind, wobei allerdings selten über die Schwierigkeiten der Migration und Integration gesprochen werde. Und auf der anderen Seite polemisierten jene, die in der Einwanderung die Apokalypse sahen. Solche Stimmen waren dann zum Beispiel auch in der Pegida-Bewegung zu hören. Doch der „moralische Absolutismus" der Befürworter der Einwanderung „hatte und hat einen unvergleichlich viel größeren Resonanzraum." (Graf Kielmansegg 2019) Wenn massenhafte Migration jedoch als eine von oben oktroyierte wahrgenommen wird, ist es kein Wunder, wenn diese politische Polarisierung zur Folge hat, dass sich gesellschaftliche Spannungen zuspitzen können bis zur Gefährdung der Demokratie selbst.

Auch der Historiker Heinrich August Winkler zählt zu den raren Intellektuellen, die den Diskurs in der Mitte führen. Er warnte frühzeitig vor einer Überforderung der Bevölkerung angesichts der massenhaften und unkontrollierten Einwanderung. Die Bundesrepublik habe ein legitimes, sogar ein existenzielles Interesse daran, die Einwanderung zu begrenzen, ganz abgesehen vom Recht und der Pflicht, sie zu kontrollieren. Die Deutschen seien im Übrigen gut beraten, sich nicht wie früher einmal die Amerikaner als „Erlösernation" darzustellen. „Zur deutschen Verantwortung gehört, dass wir uns von der moralischen Selbstüberschätzung verabschieden, die vor allem sich besonders fortschrittlich denkende Deutsche aller Welt vor Augen geführt haben." Winkler hält es für einen Irrglauben, der zu einer Lebenslüge geraten kann, davon auszugehen, wir seien berufen, möglicherweise sogar im Alleingang, weltweit das Gute zumindest in Form des Asylrechts zu verwirklichen. „Jeder Versuch, aus dem schrecklichsten Kapitel der deutschen Geschichte eine deutsche Sondermoral abzuleiten, führt in die Irre und ist zum Scheitern verurteilt." (Winkler 2015)

Der deutsche Historikerverband positionierte sich entgegengesetzt. Er paukte auf seinem Historikertag in Münster 2018 eine Resolution durch – noch dazu in offener, nicht geheimer Abstimmung –, die vor der Gefahr von rechts, der AfD und der Diskriminierung von Migranten warnte und ein generelles Lob auf Zuwanderung anstimmte, die den betroffenen Gesellschaften schon immer gut getan habe. Eine kleine Minderheit aus der Historikerzunft protestierte, darunter Dominik Geppert und Peter Hoeres. Sie kritisierten den aufgebauten Gruppendruck auf der Tagung, der das Gegenteil von einer inhaltlich sachhaltigen und offenen Kontroverse gewesen sei. Stattdessen habe der Historikerverband damit ein Verharren in der eigenen, akademischen Echokammer, geprägt von einer sich selbst verstärkenden Gewissheit, offenbart. „Pegida und AfD leben davon, dass in Deutschland das Juste Milieu die Diskursgrenzen immer enger ziehen und vieles, was gesellschaftlich umstritten ist, aus dem Kreis des legitimerweise Diskutierbaren ausgeschlossen sehen möchte." (Geppert/Hoeres 2018) Wenn Fachkompetenz für politische Zwecke funktionalisiert wird, entsteht eine intellektuelle Sackgasse. Auch der Historiker Michael Wolffsohn empörte sich über die Resolution des Historikerverbands und seiner ausdrücklichen AfD-Kritik. Der Verband maße sich damit ein allgemeinpolitisches Mandat an und wolle offensichtlich eine Art *volonté générale* verkörpern. Der Historiker Ralf Bärwald warnte ebenfalls vor einer derartigen Einmischung in die Politik, denn diese ziele, wie spätestens seit Max Weber bekannt, immer auf Entscheidung ab, während die Wissenschaft zwar argumentativ streiten müsse, aber Offenheit und Ungewissheit zu ihren zentralen Elementen zählten.

Auch der niederländische Soziologe Paul Scheffer erinnert in diesem Zusammenhang an Max Weber und an seine Unterscheidung zwischen Gesinnungsethik und Verantwortungsethik. Während Erstere sich nicht um die Folgen des Handelns kümmere, verlange die Verantwortungsethik gerade, die absehbaren Folgen einer Entscheidung zu bedenken. Die Folgen einer unbegrenzten Aufnahme von Flüchtlingen sieht Scheffer in zunehmenden Spannungen und Aggressionen innerhalb der Gesellschaft. Er hält den Deutschen und ihrer Neigung zur Moralisierung entgegen: Wer die eigene Gewissensnot als Ausgangspunkt wähle, schaffe keine dauerhafte Moral, „eine Willkommenskultur, die zu sehr eine Wiedergutmachungskultur ist, wird scheitern." (Scheffer 2018)

Paul Scheffer wie auch Heinrich August Winkler legen den Finger in die Wunde. Denn tatsächlich war und ist die Debatte um Migration geprägt von einem weitverbreiteten Wunsch nach einer Art nationaler Katharsis, die Schuld der nationalsozialistischen Verbrechen zu sühnen und Abbitte zu leisten. Doch diese Verbrechen und die damit verbundene Last, die die kollektive Erinnerung der Deutschen zu tragen hat, ist nicht aufhebbar und mittels wohlmeinend guter Taten zu kompensieren. Dies ist bitter, aber es gibt daraus keine wie auch immer geartete politisch-säkulare Erlösung.

Ein unkritischer Multikulturalismus und ein gebetsmühlenartiger Antifaschismus sind just solche Versuche der Sühne und Abbitte. In gewisser Weise müssen die Flüchtlinge und Migranten als Projektionsfläche dafür herhalten und werden für die deutsche Psychohygiene instrumentalisiert – gerade von jenen, die den Kampf gegen rechts und gegen den Nationalismus auf ihre Fahnen geschrieben haben und politisch Andersdenkende der Rechtslastigkeit und des Rassismus zeihen.

Es ist völlig legitim, im politischen Feld und in Debatten den Multikulturalismus und Antifaschismus stark zu machen und als verspätete, aber notwendige gesellschaftliche und politische Antwort auf den nationalsozialistischen Reinheits- und Homogenitätswahn anzusehen. Aber es ist unseriös, angesichts aktueller Herausforderungen diese Position als einzig mögliche politische Konsequenz aus Hitlers Verbrechen zu behaupten, sie moralisch derartig zu überhöhen und sie als einzig legitime Haltung durchsetzen zu wollen. Nicht nur im politischen Feld, sondern auch in Intellektuellenkreisen, im Kulturbetrieb und der akademischen Linken ist diese Neigung häufig anzutreffen, auch wenn sie nicht immer offen zutage tritt.

Klare Worte über diese historisch-politisch-moralische Verstrickung hört man deshalb eher von Intellektuellen, die keine Deutschen und häufig Juden sind. André Glucksmann wurde zu seinen Lebzeiten nicht müde, auf diese Zusammenhänge hinzuweisen, und in der Flüchtlingsdebatte setzte Alain Finkielkraut diese Tradition ganz vortrefflich fort. „Statt eines realistischen Weltbilds pflegen die Deutschen den Antirassismus. Der Jude war im Nationalsozialismus der Andere. Hitler hat aus ihm den absoluten Feind gemacht. Um dieses Verbrechen zu sühnen, entgehen die Deutschen bis heute nicht der Versuchung, den Respekt vor dem Anderen zum moralischen und politischen Kardinalprinzip zu erheben." Als die ersten Flüchtlinge in großer Zahl ankamen, hielten die Deutschen, so Finkielkraut, den Moment für gekommen, ihren historischen Makel bereinigen zu wollen. Sie glaubten, sich endlich freikaufen zu können, und das sei anfangs die große Erlösung gewesen. „Hitler-Deutschland verkörperte den Hass auf den Anderen. Merkel-Deutschland sagte: Hier bin ich und kümmere mich um die anderen in Not." Deutschland geriet in eine

wahrlich große moralische Trunkenheit und verkörperte endlich das Gute. Doch „indem es den Antisemitismus von gestern
sühnen wollte, hat das Deutschland der Willkommenskultur
womöglich den Antisemiten von morgen Spalier gestanden."
(Finkielkraut 2015)

Auch der britische Journalist und Diplomat Lord Arthur
George Weidenfeld äußerte sein Unbehagen über die Einwanderungspolitik der Deutschen und argumentierte in ähnlicher Weise wie Finkielkraut. Es sei der Versuch, die Schuld
der Großeltern zu tilgen und Hitler auszumerzen, „indem die
Deutschen endlich die Guten sind. Das ist Ignoranz. So nimmt
man die Verbrechen von morgen hin, um die Verbrechen von
gestern wieder gutzumachen." Lord Weidenfeld war als junger Mann vor der Verfolgung der Nationalsozialisten aus seiner Wiener Heimat nach London geflohen. Er hatte sich noch
bis zu seinem Tod 2016 für die Rettung und Unterbringung
der verfolgten christlichen Syrer eingesetzt. Für ihn war nicht
nachvollziehbar, dass er in Deutschland dafür kritisiert wurde,
sich nur für Christen engagiert zu haben. Auf die Frage, was
bei der Integration der neuen Zuwanderer falsch gelaufen sei,
antwortete er: „Wir haben nicht darauf bestanden, dass sich jeder bei uns klar von Intoleranz und Gewalt distanzieren muss.
So wird sich auch der Antisemitismus, der in den arabischen
Herkunftsländern ja so eine Art Staatsreligion ist, weiter in
Mitteleuropa festsetzen. Nicht nur für jemanden wie mich, der
den Antisemitismus im Wien der Dreißigerjahre am eigenen
Leibe erlebt hat, bedeutet das eine Katastrophe." Jetzt würde
es gerade bei arabischen Jugendlichen wieder hoffähig, den
Juden öffentlich den Tod an den Hals zu wünschen. Das sei
unerträglich. (Weidenfeld 2015)

Längst wächst der Antisemitismus nicht nur im rechten Lager,
es gibt ihn auch auf der linken Seite und in der Mitte der Gesellschaft. Doch der aus den arabischen Ländern importierte Antisemitismus wurde lange Zeit unterschätzt. Es hat einige Jahre ge-

dauert, bis überhaupt eine Diskussion über Schwierigkeiten der Integration jener Migranten in Gang kam, die aus Kulturkreisen kamen, deren Werte, Traditionen und Lebensweisen sich von den unseren wesentlich unterscheiden. Lange Zeit ignorierte die Mehrheitsgesellschaft, dass sich Parallelgesellschaften herausgebildet hatten, was vor allem für Einwanderer und Flüchtlinge aus den arabischen Teilen der Welt galt. Inzwischen ist auch in türkischen Diaspora-Gemeinden die Orientierung am Herkunftsland im Unterschied zu früheren Einwanderergenerationen wesentlich ausgeprägter als eine Orientierung an den Normen und dem Rechtsverständnis Deutschlands. In den nicht integrierten Parallelgesellschaften sind archaische Ehrvorstellungen wie Blutrache und Sippenhaft weitverbreitet. Das Familien- und Eherecht, oft eingebettet in arabisch-patriarchalische Tradition, folgt den Regeln der Scharia und nicht jenen des Grundgesetzes. Arrangierte Ehen oder Zwangsheiraten, Gewalt gegenüber Frauen und Kindern zur Wahrung der Familienehre sind wieder üblich. Wir erinnern uns an die Auftritte der selbst ernannten Scharia-Polizei 2014 in Düsseldorf. Kulturelle und religiöse Elemente verschränken sich und prägen die Normen und Lebensweisen in diesen Milieus, die sich von der Mehrheitsgesellschaft abschotten.

Die Autorin und Bloggerin Cigdem Toprak fragt sich, warum es für Einwanderer oft so schwer ist, in Deutschland anzukommen. Einer der Gründe ist ihrer Meinung nach das fehlende Freiheitsgefühl der Einwanderer. Es fehle sogar Nachkommen von Migranten, „die aus Ländern stammen, in denen das Kollektiv einen höheren Stellenwert hat als das Individuum ... Wen man heiraten, welchen Beruf man ausüben, wo man leben möchte, darf nicht individuell beantwortet werden, sondern wird durch andere bestimmt – ob durch Tradition, Kultur oder Religion. Und diese Denkweise wird nach Deutschland importiert, hier weitergelebt, an die nächsten Generationen weitergegeben. Es ist die Freiheit, die uns allen fehlt." (Toprak 2019)

Der politische Islam

Angriffe auf die westliche Freiheit

Wenn über den sozialen Zusammenhalt, die Prinzipien einer offenen Gesellschaft und ihre möglichen Feinde debattiert wird, spielt – spätestens seit den islamistischen Anschlägen in New York und Washington am 11. September 2001 – die Auseinandersetzung mit dem Islamismus, aber auch mit dem Islam generell eine wichtige Rolle.

Seit vielen Jahren führen Islamisten einen hasserfüllten Krieg gegen unsere Freiheiten und all das, was unseren modernen, westlichen Lebensstil ausmacht. Gekämpft wird militärisch wie ideologisch. Angegriffen wird der Individualismus, wie er sich im Westen über Jahrhunderte entwickelt hat, ebenso wie sein Materialismus und Hedonismus. Die Aggression des politischen Islam gilt auch der Sexualität und ihrem Urbild, dem weiblichen Körper. Freie Frauen, der Minirock, Sex vor der Ehe oder Homosexualität, Singen, Tanzen, Trinken und ausgelassenes Lachen, all dies steht in den Augen der Islamisten für eine westlich dekadente Lebensart und soll ausgemerzt werden. Dem Gottlosen gilt der größte Hass: Er soll vernichtet werden auf dem Weg zu einer globalen Herrschaft des Kalifats. Inzwischen hat diese totalitäre Ideologie dank modernster Technik weltweit eine rasante Verbreitung gefunden. Islamisten und Dschihadisten greifen unsere offenen Gesellschaften jedoch nicht nur von außen an. Sie rekrutieren ihre Kämpfer seit Jahren in den verlorenen und nicht integrierten Quartieren europäischer Großstädte.

Lord Weidenfeld sieht im Islamismus eine noch schlimmere totalitäre Ideologie als im Nationalsozialismus und Kommunismus. „Der Dschihadist gehört für mich in den untersten Kreis von Dantes Hölle. Er ist noch tiefer gesunken als die anderen beiden antihumanistischen Ideen und Bewegungen, die ich erleben musste: Nationalsozialisten und Bolschewiken."

Die Nazis hätten die Vernichtung ihrer Feinde, zuvörderst der Juden, als industrielle Maßnahme organisiert, als widerliches, kaltes Morden ohne große Emotionen. Die Bolschewiken hätten bei den organisierten Hungerkatastrophen, mörderischen Umsiedlungen und Exekutionen ganz anonym Millionen umgebracht. Das war grauenvoll. „Aber nun kommen diese Dschihadisten als fröhliche Sadisten und sagen der freiheitlichen Lebensform ebenfalls den Kampf an. Was tun sie? Sie köpfen und kastrieren ihre Opfer, sie schänden Frauen nach Belieben, kreuzigen die Menschen, verstümmeln sie systematisch – und das alles mit obszöner sexueller Freude. Das ist moralisch für mich die unterste Stufe des Menschseins." (Weidenfeld 2015)

Ein Zusammenhang zwischen dem religiösen Islam, dem politischen Islam und dem Terrorismus wurde lange Zeit ignoriert beziehungsweise tabuisiert. Um zu erklären, wie muslimisch geprägte Vorstädte in Frankreich oder Belgien zu Brutstätten islamistischer Gewalt wurden, werden heute unterschiedliche Erklärungen angeführt. Vom Kampf der Kulturen und von normativen Konflikten zwischen westlicher und muslimischer Lebenswelt sprechen Philosophen und Sozialpsychologen. Einige Soziologen neigen eher dazu, ökonomische und soziale Gründe einer fehlgeschlagenen Integration dafür verantwortlich zu machen, wozu auch misslungene Lebensläufe zählen. Die religiöse Orientierung spielt dabei in jedem Fall eine Rolle.

Die große Mehrheit der Muslime in Deutschland lebt friedlich, eher unauffällig und gesetzeskonform. Dennoch entstehen auch hier zunehmend Parallelgesellschaften, vor allem um Moscheen herum, deren zahlreiche Neubauten seit Jahren kräftig aus dem Ausland gesponsert werden. Geschäfte kommen hinzu, Institutionen des islamischen Gemeinwesens, eigene Banken für den Hawala-Geldtransfers und Call Center für Kontakte in die alte Heimat. Es entsteht eine eigene Welt, die sich von der Mehrheitsgesellschaft immer stärker abschottet.

Der Soziologe Ruud Koopmans hat am Wissenschaftszentrum Berlin (WZB) 2016 eine repräsentative Studie durchgeführt, um religiösen Fundamentalismus und Fremdgruppenfeindlichkeit bei Muslimen und Christen in sechs westeuropäischen Ländern zu untersuchen. Die Forschungsgruppe unter seiner Leitung interessierte, ob religiöse Regeln eine größere Bedeutung als staatliche Gesetze haben, in welcher Weise Gläubige womöglich zu den Wurzeln ihres Glaubens zurückkehren, welche Haltung sie gegenüber Juden einnehmen oder wie sie zu Homosexuellen stehen. Im Vergleich zu Frankreich und Belgien schnitt Deutschland besser ab, was den islamischen Fundamentalismus angeht. Doch immerhin dreißig Prozent der Muslime schätzen die Forscher als islamisch-fundamentalistisch orientiert ein. Auch das Bundesinnenministerium offenbarte in seiner Studie „Lebenswelten junger Muslime in Deutschland" gefährliche Radikalisierungspotenziale. 15 Prozent der deutschen Muslime und ca. 34 Prozent der nicht deutschen Muslime zählen zu dieser Gruppe. Als Ursachen führt die Studie „traditionelle Religiosität, autoritäre Einstellung, die Orientierung an Macht und Erfolg und die Erfahrung gruppenbezogener Diskriminierung" an. 47 Prozent aus dieser Gruppe stimmen dem Satz „die Befolgung der Gebote meiner Religion ist für mich wichtiger als die Demokratie" eher oder völlig zu. Und in Ruud Koopmans Studie des WZB halten 45 Prozent der Muslime in Deutschland „religiöse Vorschriften für wichtiger als staatliche Rechtsnormen". Das sind Befunde, die auf immense Integrationsdefizite hinweisen und das Auseinanderdriften der Gesellschaft offenlegen.

In Deutschland hat der Verfassungsschutz seit einiger Zeit muslimische Vereinigungen im Visier, die humanitäre Hilfe als Vereinszweck angeben, aber als „extrem salafistisch" eingestuft werden. Sie unterstützen unter anderem die Terrororganisation

Hamas, den palästinensischen Ableger der Muslimbrüder. Bei einer Razzia im Frühjahr 2019 in neun Bundesländern stellten die Beamten des Verfassungsschutzes eine gefährliche Annäherung zwischen Salafisten und Muslimbrüdern in Deutschland fest. Ein hochrangiger Sicherheitsexperte warnte im *Tagesspiegel* vor einem möglichen Bündnis der beiden Strömungen. Denn in diesem extremistischen Potenzial treffen „jüngere Islamisten mit ihrem Drang zur globalen Revolution auf eine islamistische Mittelschicht, die den Staat und die Gesellschaft eher ‚legalistisch' durchdringen will." Obwohl beide unterschiedlich aktiv sind – die jungen Salafisten in offener Rebellion und die Muslimbrüder der Strategie des „leisen Einnistens" folgend – erkennen beide, dass sie voneinander profitieren können. In einem Bündnis lernen die Salafisten einerseits, „wie man sich geschickter anstellt, um staatlicher Repression zu entgehen". Und im Gegenzug bekommen die Muslimbrüder „Zugang zu jüngeren Leuten". Ihrer beider Ziel ist dasselbe, nämlich die Errichtung des Gottesstaats. Der Sicherheitsexperte geht davon aus, dass diese Gruppierungen gemeinsam noch wesentlich gefährlicher seien als jetzt schon jede für sich.

Vor diesem Hintergrund ist es seltsam, dass von deutschen Intellektuellen kaum etwas zu diesen Gefährdungen der Demokratie, den Angriffen auf die freiheitliche Ordnung und dem Auseinanderdriften der Gesellschaft zu hören ist. Über viele Jahre ist von ihnen der Aufstieg des politischen Islams und die Herausbildung der islamischen Parallelgesellschaften ignoriert und verharmlost worden. Darauf hingewiesen haben fast ausschließlich Intellektuelle muslimischer Herkunft, als Dissidenten des Islams. Sie machten darauf aufmerksam, welche Sackgassen und Gefahrenpotenziale eine Religion in sich birgt, die weitgehend reformunfähig sei, Individualisierungsprozesse verhindere und die Säkularisierungsgeschichte des Westens ablehne. Sie kritisieren eine Religion, deren Prediger und Verbände immer noch die Unterwerfung der Gläubigen unter die von Mohammed und seinen Nachfolgern vorgegebenen Werte und Gesetze und unter die daran angelehnten Hadithen verlangten. Sie haben Zweifel, ob das Selbstverständnis eines Islams, der das Heil seiner Gläubigen in der Unterwerfung und dem Aufgehen des Einzelnen in der Umma, der Glaubensgemeinschaft, sieht, mit den Werten der Aufklärung und Prinzipien einer freiheitlich-säkularen Ordnung vereinbar ist. Wenn diese Religion zudem in archaisch-patriarchalischen sozialen Strukturen und Familienzusammenhängen gelebt wird, sind die Aussichten auf eine Modernisierung oder gar Reformation des Islams düster. Darauf haben seit Jahren Islamkritikerinnen wie die Anwältin Seyran Ateş, die Soziologin Necla Kelek, die Schriftstellerin und Ärztin Taslima Nasrin oder die Autorin Irshad Manji in ihren Büchern und Debattenbeiträgen aufmerksam gemacht.

Die Politikwissenschaftlerin und ehemalige niederländische Parlamentarierin Ayaan Hirsi Ali, die sich aus dem streng religiösen Milieu ihrer Familie aus Somalia auf einem aufreibenden Weg befreit hat – sie zeichnet das sehr eindrücklich in ihrer Autobiografie nach (Hirsi Ali 2006) –, hatte diese Zweifel schon während des Furors um die Mohammed-Karikaturen 2006 in die Debatte getragen. Sie hatte mit Theo van Gogh einen Film gedreht, der den Islam kritisierte. Dessen Mörder Mohammed Bouyeri heftete mit einem Messer eine Botschaft an van Goghs Brust, nachdem er ihn erschossen und seine Kehle aufgeschlitzt hatte: „Ich weiß, Ayaan Hirsi Ali, du wirst untergehen / Ich weiß, oh Fundamentalisten des Unglaubens, ihr werdet untergehen." Sie musste aus Sicherheitsgründen untertauchen und lebt inzwischen in den USA.

Die Onlinekulturplattform Perlentaucher organisierte in dieser Zeit eine hochkarätige europäische Intellektuellen-Debatte über den Islam, die in dem Buch *Islam in Europa*, herausgegeben von den Gründern der Plattform, Thierry Chervel und Anja Seliger, dokumentiert ist. (Chervel/Seliger 2007)

Beteiligt waren unter anderem Timothy Garton Ash, Pascal Bruckner, Ian Buruma, Necla Kelek, Lars Gustafsson, Adam Krzemiński, Bassam Tibi und ich selbst. Die zentrale Frage lautete, ob der Islam ohne Weiteres in den Westen integrierbar sei. Diese Position vertrat der damals allseits gefeierte Schweizer Islamwissenschaftler ägyptischen Ursprungs Tariq Ramadan. Sein Großvater mütterlicherseits war der Begründer der Muslimbrüder, Hassan al-Bannā, sein Vater, Said Ramadan, führender Aktivist und Vertreter der Muslimbrüder. Seit 2009 ist Tariq Ramadan Professor für Islamwissenschaft am St. Antony's College. Seine Tätigkeit ruht jedoch aufgrund des Vorwurfs sexueller Übergriffe. Aufgrund entsprechender Vorwürfe – deren Berechtigung er bestreitet und als Teil einer Verleumdungskampagne wertet – wurde er im Januar 2018 bei der Einreise nach Frankreich von der Polizei festgenommen und in die Schweiz abgeschoben.

Er hatte sich damals zum Propagandisten eines sogenannten Euro-Islam stilisiert, wobei er den Begriff von Bassam Tibi übernahm und umdeutete, und war gern gesehener Gast auf akademischen Podien und in Talkshows. Zugleich versammelte er mit feurigen Reden – in denen auch die Steinigung untreuer Frauen gutgeheißen wurde – muslimische Jugendliche in Stadien der Pariser Banlieues. Demgegenüber warnte Hirsi Ali vor der schleichenden Etablierung einer Scharia in Europa. Sie zweifelte daran, dass der Islam mit der liberalen Gesellschaft, wie sie sich im Gefolge der Aufklärung herausgebildet hat, vereinbar sei. In der Debatte wurde ihr dann von Timothy Garton Ash und Ian Buruma vorgeworfen, eine „Fundamentalistin der Aufklärung" zu sein. Pascal Bruckner verteidigte sie in diesem Disput. Er hatte bereits in seinem Buch *Das Schluchzen des weißen Mannes* auf den Schuldkomplex des Westens aufgrund seines Kolonialismus in der sogenannten Dritten Welt hingewiesen und von einem eitlen Neokolonialismus gesprochen. Er kritisierte frühzeitig den Multikulturalismus, der die Andersheit romantisiere und einsperre. In der Debatte sprach er vom „Rassismus des Antirassisten".

Diese Glorifizierung des Fremden und vermeintlich Ursprünglichen hat nicht zuletzt dazu geführt, die entstehenden Parallelgesellschaften als exotische Bereicherung anzusehen und nicht als Gefährdungen der Freiheit. Obendrein galt der Islam mit seiner antikapitalistischen Neigung besonders in der Linken als „Religion der Armen" und die muslimischen Einwanderer als neue Opfergruppe der Entrechteten und Unterdrückten des Systems. Von dieser Seite wurde besonders vehement die vermeintlich allgegenwärtige Islamophobie angeprangert. Der Islam, vor allem in seiner identitären und politischen Gestalt, wurde in ähnlicher Weise verharmlost wie der Kommunismus vor 1989 aufseiten eines großen Teils der Intellektuellen und Linken. Die Dissidenten der ostmitteleuropäischen Bürgerrechtsbewegung galten vielen damals als Störenfriede der Entspannungspolitik zwischen Ost und West. Heute kann man im übertragenen Sinne davon sprechen, dass die Dissidentinnen des Islams als Störenfriede des Dialoges zwischen den Kulturen und Religionen angesehen werden, der von Islamverbänden, Kirchen, staatlichen und kulturellen Institutionen so mannigfach beschworen wird und in dem Konflikte unerwünscht sind.

Anstatt genau hinzusehen, was sich da entwickelte, warnten Intellektuelle hierzulande vor der um sich greifenden „Islamophobie". Der Sinn und Zweck dieses Ausdrucks, so der französische Intellektuelle Pascal Bruckner, sei der Versuch einer Immunisierung gegenüber jeglicher Islamkritik (Bruckner 2017). Auch der Politikwissenschaftler Claus Leggewie verwendete den Begriff. Die meisten Europäer hätten ein eher schematisches Bild vom Islam entwickelt, was umso erstaunlicher sei, als sie, die weit gereist seien und die Welt gut kennen würden, in allen anderen Fragen so sorgfältig und sachorientiert abwögen. Doch im Hinblick auf den Islam urteilten sie oberflächlich und vorschnell. Leggewie geht davon aus, dass der Islam weiterhin zur „Konstruktion des Eigenen in Europa", also zur kollektiven Identität der Europäer einen wesentlichen Beitrag leiste. In seinem Essay zur Europawahl 2019 kritisierte er, Liberale und Konservative kämen der Neuen Rechten in der Frage der Einwanderung und der Islamophobie sehr weit entgegen und stellten wieder die christlichen Wurzeln Europas heraus. (Leggewie 2019)

Tariq Ramadan hatte den Begriff der Islamophobie allseits verbreitet. Im Frühjahr 2019 stellte sich dann heraus, dass der ehemals Umworbene jahrelang auf der Gehaltsliste des Geheimdienstes von Katar stand, der ihm seine Dienste mit monatlich 35 000 Euro vergütete. Die beiden französischen Journalisten Christian Chesnot und Georges Malbrunot haben dies 2019 in ihrem Buch *Qatar Papers* nachweisen können. Es dokumentiert im Übrigen, wie der katarische Geheimdienst Organisationen, die den Muslimbrüdern nahestehen, überall in Europa durch großzügige Geldmittel unterstützt, um politische Veränderungen anzustoßen. Die Lage hat sich seit dem Streit über den Islam vor rund zehn Jahren also keineswegs verbessert. Saudi-Arabien und Katar finanzieren weltweit emsig die Verbreitung des Wahabismus und lassen überall in Europa Moscheen bauen.

Entsprechend zeigt sich auch Susanne Schröter, Direktorin des Forschungszentrums Globaler Islam an der Frankfurter Goethe-Universität besorgt. In Deutschland entwickele sich ein identitärer Islam, der Muslime als besondere Gruppe ansieht, Sonderrechte einfordere und dies religiös begründe. Ähnlich wie die rechtsradikale identitäre Szene habe dies große Anziehungskraft auf Jugendliche. Auch der deutsch-ägyptische Schriftsteller und Politologe Hamed Abdel-Samad mahnt, der Islam wolle von der deutschen Aufklärung zwar profitieren, weigere sich jedoch, Teil dieses Prozesses zu werden. Er hat den Eindruck, dass sich immer weniger Leute in

Deutschland trauen, den Islam zu kritisieren, weil sie fürchten, des Rassismus geziehen zu werden. Wer sich kritisch gegenüber dem Islam äußert, werde häufig bedroht. Von den zehn Wissenschaftlern und Publizisten, die die „Initiative säkularer Islam" gegründet haben, steht die Hälfte unter Polizeischutz, so auch Hamed Abdel-Samad. Ihm wird wie vielen Dissidenten schon seit dem Streit um die Mohamed-Karikaturen von Islam-Verbänden, der Linken und multikulturell orientierten Intellektuellen vorgeworfen, er schüre Islamophobie und Rassismus.

Der Streit um die islamische Verschleierung

Seit vielen Jahren werden die Frauenverachtung und Unterdrückung im Islam und seinen politisch-fundamentalistischen Ausprägungen von einigen mutigen Dissidentinnen muslimischer Abstammung kritisiert. Seltener hört man diese Kritik auch von männlicher Seite, doch der algerisch stämmige Schriftsteller Kamel Daoud hat das islamische Problem mit der Sexualität erfreulich klar auf den Punkt gebracht. Das Verhältnis zur Frau sei ein gordischer Knoten in der Welt Allahs. Die Frau werde „verleugnet, abgewiesen, getötet, vergewaltigt, eingeschlossen oder besessen". Darin zeige sich ein gestörtes Verhältnis zur Fantasie, zum Wunsch nach Leben, zur Schöpfung und zur Freiheit. Das Geschlecht sei das größte Elend in der Welt Allahs, und deshalb sei ein „pornographischer Islamismus" entstanden, den die islamistischen Prediger propagieren, um ihre Gläubigen zu rekrutieren. Darin werde ein Paradies beschrieben, das eher einem Bordell gleiche als einem Lohn für die Frommen. Dieser Islamismus sei geprägt von Fantasien über Jungfrauen für Selbstmordattentäter, die Jagd auf den Körper im öffentlichen Raum machten, vom Puritanismus in Diktaturen, vom Schleier und von der Burka. „Der Islamismus ist ein Angriff auf das Begehren." (Daoud 2016)

Und immer wieder wird über das islamische Kopftuch gestritten. In der Aufhebung des Kopftuchverbots für Lehrerinnen an öffentlichen Schulen, die das Bundesverfassungsgericht 2015 entschied, sieht Necla Kelek einen Akt, der der Emanzipation junger muslimischer Frauen in den Rücken falle. Seit Jahrzehnten beobachtet sie, dass islamische Verbände über Gerichte durchzusetzen versuchen, dass ihre religiösen Vorstellungen zur gesellschaftlichen Norm werden. Als Vorstandsmitglied bei Terre des Femmes setzt sie sich für ein Kopftuchverbot bis zum Alter von 18 Jahren ein. Dann erst seien die Mädchen reif genug, um selbst zu entscheiden. Deshalb werden ihr „Antimuslimische Propaganda" und Rassismus nicht nur vonseiten der Islamverbände vorgeworfen.

Die im Frühjahr 2019 im Frankfurter Museum für Angewandte Kunst gezeigte Ausstellung „Contemporary Muslim Fashions" hat erneut eine bundesweite Diskussion über das Kopftuch ausgelöst. Sie lieferte interessante Einblicke über Parallelwelten und diametral entgegengesetzte Deutungen des Kopftuchs. Ursprünglich in San Francisco konzipiert, wollten die Kuratoren die Vielfalt muslimischer Mode zeigen. Wenn man durch die Ausstellung ging, erblickte man kostbare Gewänder und prachtvolle Schleier, eine perfekt inszenierte Modenschau, in der die Modehäuser Gucci oder Dior mit hoch eleganten Bekleidungen genauso vertreten sind wie Adidas mit sportlichen Varianten des Burkinis. Höhepunkt des Rundgangs war ein sakral anmutendes Gemach mit den strahlendsten Modellen, in dem leise Musik aus scheinbar himmlischen Sphären die Besucher umschmeichelte. Deren Schritte wurden in Richtung auf ein riesiges Foto gelenkt, in dem sich eine Frau im Harem lustvoll räkelt, ein paradiesisch anmutender Schutzraum. Auf den begleitenden Texttafeln war die Rede vom wachsenden Wunsch muslimischer Frauen nach dezenter und stilvoller Mode. Wobei das englische *modest* mit dezent übersetzt wurde, obwohl es auch bescheiden, sittsam und anständig bedeutet, züchtig könnte man noch hinzufügen. Zugleich, wurde begeistert hervorgehoben, wachse die Zahl nicht-mus-limischer Frauen, die auf eine in diesem Sinne ‚dezente' Klei-dung einschlägiger Modehäuser zurückgriffen, weil sie eine zurückhaltende Körperbetonung schätzten und/oder dies als emanzipatorischen Akt gegenüber einem westlichen, körper-fokussierten Idealbild von Frauen verstünden. Auch früher schon verteidigten westliche Feministinnen das Kopftuch und andere Formen der Verhüllung als Protest und Aufbegehren gegen den männlich-kapitalistischen Blick auf den weiblichen Körper, der die Frau zum Sexualobjekt und zur Ware degra-diere. *Modest Fashion* sei nicht gleichbedeutend mit dem Tra-gen eines Kopftuchs, einer Burka oder eines Niqab. Sie sei auch nicht zwingend mit Religiosität – egal welcher Art – in Verbin-dung zu bringen, sondern sei das Gegenteil einer Zurschau-stellung von Körperlichkeit.

In den Texttafeln war weiterhin die Rede von der Befrei-ung der Frauen vom gesellschaftlichen, westlichen Druck. Das Kopftuch wird auf diese Weise umgedeutet zum Vehikel der Selbstbestimmung und zur Möglichkeit der Individualisie-rung. Die Absetzung von der Mehrheitsgesellschaft mittels des Kopftuchs soll Selbstermächtigung und Autonomie demons-trieren – eine erstaunliche Verkehrung der Situation. Erstaun-licherweise liefert die Ausstellung nur drei Beispiele, in denen das Kopftuch als Instrument der Knechtung und Unterdrü-ckung gezeigt wird.

In den Feuilletons wurde die Ausstellung überwiegend posi-tiv besprochen. Sie zeige nicht zuletzt, so z. B. Kolja Reichert in der *Frankfurter Allgemeinen Sonntagszeitung*, wie Frauen ein Kleidungsstück, das zu Recht als ‚mobiles Gefängnis' be-zeichnet werde, selbst zum Ausdrucksmedium machten. Auch hier fällt also das Argument der Selbstermächtigung. Vielleicht sei das Kopftuch wirklich nur Mode, nur Stoff. Denn Frauen in der islamischen Welt würden als größte Geißel jedenfalls selten die Kleidungszwänge nennen, meinte etwa Sonja Zekri in der *Süddeutschen Zeitung*. Ähnlich sah es die Modehistorikerin Barbara Vinken in *Die Zeit*. Es handele sich nicht um ein politisches oder religiöses, sondern um ein Modephänomen, das herausfordern wolle. In Wahrheit sei die Sittlichkeit der *Modest Fashion* keineswegs eine Geste der Selbstbescheidung. Eine Frau, die sich in einen modischen Schleier hülle, bekenne Farbe: Sie oute sich in einer oft islamophoben Gesellschaft als Muslima. Damit fühle sie dieser Gesellschaft auf den Zahn, ob sie sich tatsächlich an ihre eigenen Werte halte oder die Frau zur ‚Freiheit‘, also zur Entblößung zwinge. Auch bei uns scheint sich – wie schon in der #MeToo-Debatte – ein Puritanismus breitzumachen, der jenem des Islamismus bereitwillig entgegenkommt. Die Kritikerinnen des Kopftuchs werden postwendend von Verteidigerinnen in die rechte Ecke gestellt, weil auch die AfD ein Kopftuchverbot forderte, und des „antimuslimischen Rassismus" geziehen – ein politisch und moralisch noch verwerflicheres Vergehen als der bisher schon verbreitete Vorwurf der Islamophobie.

Dem widersprach eine Gruppe von Migrantinnen in einem offenen Brief an den Leiter des Frankfurter Museum für Angewandte Kunst, Matthias Wagner K., er biete dem Kleidungsdiktat eine Plattform. Die Ausstellung sei ein Schlag ins Gesicht von Frauenrechtlerinnen und mache sich mit der Religionspolizei in islamischen Ländern gemein. Im Exil lebende Iranerinnen machten in diesem Zusammenhang auf die Menschenrechtsanwältin Nasrin Sotoudeh aufmerksam, die in Iran zu 38 Jahren Gefängnis und 148 Peitschenhieben verurteilt worden war. Sie hatte es gewagt, Frauen zu verteidigen, die friedlich gegen den Hidschab protestierten.

Auch einige Stimmen aus der „Initiative Säkularer Islam" äußerten sich in der Zeitschrift *Emma* zur Ausstellung, unter anderem Necla Kelek, Seyran Ateş und die Kulturwissenschaftlerin Naïla Chikhi. Mit der Ausstellung biederten sich wohlmeinende westliche Gruppen an frauenverachtende politische Strömungen einer Religion an. Unreflektiert dienten sie der islamistischen Botschaft, die nur die verschleierte Frau als sittsam darstelle.

Im Kontext der Kopftuchdebatte führten die *Emma*-Gründerin Alice Schwarzer und Margarete Stokowski ein Streitgespräch über Emanzipation und Gleichberechtigung. Im Hinblick auf muslimische Familien, so Stokowski, solle der Feminismus sich nicht an der Stimmungsmache gegen Musliminnen und Muslime beteiligen. Dies sei ihr wichtiger als Freiheit. Alice Schwarzer hielt dagegen, wir hätten die Mehrheit der Muslime in Europa, die aufgeklärt seien und Demokratie wollten, im Stich gelassen und dem Druck der radikalen Minderheit ausgeliefert. Und wir hätten uns nicht nur in Deutschland den ungeheuren Luxus erlaubt, nicht genau zu unterscheiden: zwischen „normalen" Muslimen und islamistischen Ideologen und Hetzern. Und jetzt wunderten wir uns, wenn die Rechte an diesem Punkt aufsattele. Für diese neue Art von Rassismus seien jene Kräfte verantwortlich, die immerzu einen Kulturrelativismus gepredigt hätten mit dem Hinweis, beim Islam handele es sich um eine andere Religion verbunden mit anderen Sitten. Ihre Gesprächspartnerin Margarete Stokowski zählte sie zu den Verfechtern dieses Kulturrelativismus. Es gäbe heute keine AfD, wenn Liberale und Linke nicht so versagt hätten.

Alice Schwarzer sprach auch auf der Frankfurter Konferenz „Das islamische Kopftuch – Symbol der Würde oder Unterdrückung?" Im Frühsommer 2019 hatte Susanne Schröter, als Direktorin des Frankfurter Forschungszentrums Globaler Islam (FFGI) an der Universität dazu eingeladen. Im Vorfeld hatte eine Studentengruppe in sozialen Netzwerken einen Shitstorm mit Beschimpfungen und Drohungen angezettelt und die Absage der Konferenz sowie die Relegierung der Professorin verlangt. Darin wurde Schröter „antimuslimischer Rassismus" vorgeworfen – inzwischen in der akademischen Linken ein feststehender Begriff. Universitätspräsidentin Birgitta Wolff hatte sich angesichts der Proteste öffentlich hinter Schröter gestellt und die Wissenschaftsfreiheit gegenüber solchen Angriffen verteidigt. Die Konferenz traf auf entsprechend große Aufmerksamkeit, und vor dem Gebäude fand eine kleine Gegendemonstration statt. Der Sozialphilosoph Rainer Forst, Sprecher des Exzellenzclusters „Normative Ordnungen" an der Frankfurter Uni, an dem Schröter forscht, sprach auf der Konferenz vom Kopftuch, als einem „ambivalenten Phänomen". Mit Rekurs auf Theodor W. Adornos *Minima Moralia* forderte er, den „besseren Zustand" zu denken als einen, in dem man „ohne Angst verschieden sein kann". Das schließe ein selbstbewusstes Tragen des Kopftuchs ohne Druck und Stigma ein – „auch als Lehrerin".

Dem widersprach Alice Schwarzer sofort. Sie erinnerte an den Siegeszug des politisierten Islams, „nicht zuletzt dank einer falschen Toleranz". Im Kopftuch sieht sie seine politische „Flagge". Es sei „höchste Zeit für das Ende der Sprechverbote", und es könne nicht sein, dass jeder, der das Kopftuch und das „System dahinter" infrage stellt, als Rassist und Nazi beschimpft werde. Alice Schwarzer forderte ebenso wie Necla Kelek, die auch auf der Konferenz sprach, ein Kopftuchverbot für junge Mädchen.

Das provozierte auf dem Podium den Widerspruch der Publizistin Khola Maryam Hübsch, selbst Kopftuchträgerin. Es gebe „gewichtige Gründe", ein Kopftuchgebot aus dem Koran herauszulesen. Sie kritisierte, dass westliche Feministinnen sich als „Retter der muslimischen Frau" aufspielten und damit einer kolonialen Logik folgten. Das Kopftuch werde in der Tat oft politisch instrumentalisiert, aber viele Musliminnen trügen es als Ausdruck ihres Glaubens und ihrer Spiritualität. Bedecke sich eine Frau als Zeichen ihres Glaubens, sei es „ein zutiefst antifeministischer Akt, ihre Entscheidung zu problematisieren". Ähnlich wie bereits einige ihrer Kolleginnen aus dem Feuilleton argumentiert sie, sittsame Kleidung sei zudem ein Weg, sich dem männlichen Blick auf Frauenkörper zu entziehen – in einer Gesellschaft voller sexualisierter Bilder könne das befreiend sein.

Immer wieder spielt in dieser Debatte der Vorwurf des „antimuslimischen Rassismus" eine entscheidende Rolle. Der Soziologe Armin Pfahl-Traughber widmet sich deshalb der inflationären Verwendung des Begriffs. Er hebt hervor, damit werde die Bezeichnung Rassismus verwässert, weil er hier auf ein kulturelles Phänomen angewendet werde. Und der Kultur werde dabei sowohl von Linken wie von Rechten ein überhöhter Stellenwert beigemessen. Auch er kritisiert den damit verbundenen Kulturrelativismus, denn durch diese Grundeinstellung würden Menschenrechte in ihrer Bedeutung zugunsten kultureller Identität geschmälert. Dies führe, fügt er hinzu, mitunter zu absonderlichen Aussagen, wenn etwa Kritikerinnen aus dem islamisch geprägten Kulturkreis wegen frauenrechtlicher Einwände als „antimuslimische Rassistinnen" diffamiert würden.

Inzwischen gab es auch einen deutschen Karikaturenstreit im Sommer 2019 um die Cartoons von Franziska Becker. Diese sollte vom Journalistinnenbund für ihr Lebenswerk geehrt werden, weil sie das Mit-, Für- und Gegeneinander von Frauen und Männern genüsslich in Szene setze, so die Begründung für die Preisverleihung. Sofort hagelte es Proteste auf Twitter, ihre Zeichnungen seien islamfeindlich, rassistisch und frauenfeindlich zugleich, und sie förderten Gewalt gegen Frauen. Die Autorin Sibel Schick schrieb als eine der Ersten auf Twitter. Die Chefredakteurin Teresa Bücker des Onlinemagazins *Edition F* schloss sich der Kritik an. Da werde es einem ja schwindelig, so offen rassistisch insbesondere gegenüber kopftuchtragenden Frauen seien sie. Der Verleger Jakob Augstein blies ins gleiche Horn. Karikaturen seien dann gut, wenn sie die Großen klein machen – nicht, wenn sie auf die treten, die ohnehin unten sind. „Darum waren auch die antimuslimischen Charlie-Hebdo-Karikaturen schlecht. Für mich sieht das so aus, als könne es auch in der Jungen Freiheit stehen ...“ (Twitter 15:01 – 24. Juni 2019)

Alice Schwarzer verteidigte in *Emma* die Karikaturistin gegen diese Diffamierungskampagne: „Es ist die Aufgabe der Satire, querzudenken, gegenzuhalten, zu irritieren und so die Augen zu öffnen.“ Genau das tue Becker. Sie habe auch viele Satiren über reaktionäres Christentum gezeichnet und seit 1991 Cartoons über Scharia-Gläubige und fundamentalistische Tendenzen im Islam veröffentlicht – dagegen habe es noch nie einen Protest gegeben. „Die Stunde der Vernebelung und Ideologisierung, ja der Meinungsverbote und Zensur hat geschlagen.“ Der Journalistinnenbund folgte dennoch dem Votum der Preisjury und verlieh Franziska Becker den wohlverdienten Preis.

Westliche Selbstzweifel und Identitätspolitik

Antiwestliche Ressentiments

Nicht nur der politische Islam stellt die Werte und den Lebensstil der westlichen Zivilisation infrage, sondern es wird in den letzten Jahren ganz grundsätzlich über die normativen Grundlagen unseres europäischen Gesellschaftsmodells, über unseren Lebensstil und die Zugehörigkeitskriterien im Integrationsprozess gestritten.

Was sind das für westliche Werte, die in den Ideen der Amerikanischen Revolution von 1776 und der Französischen von 1789 gründen und in der Tradition der Aufklärung stehen? Und was macht die daraus resultierenden Lebensstile aus, die heute von unterschiedlichen Seiten so heftig attackiert werden? Rekapitulieren wir: Demokratie, Rechtsstaatlichkeit, Gewaltenteilung, soziale Marktwirtschaft, Achtung der Menschenrechte, Säkularisierung, Meinungsfreiheit – die im Übrigen historisch aus der Kritik an der Religion und Kirche entstanden ist –, Religionsfreiheit und der Schutz von Minderheiten. Vor allem die Wertschätzung des Individuums gegenüber dem Kollektiv, aus welcher sich das Prinzip der Selbstverantwortung und die Chance zur Selbstbestimmung ableiten, macht den Kern unseres westlichen Wertekanons aus, der unsere gesellschaftliche säkulare Ordnung begründet: Damit ist sie das Gegenteil einer Umma, wie sie der politische Islam anstrebt, oder eines Kollektivismus, der totalitären Diktaturen eigen war und ist. Aus gutem Grund sind in unserer Verfassung deshalb explizit Individual- und nicht Kollektivrechte formuliert, was auch als Antwort auf die europäischen Erfahrungen mit den Diktaturen im letzten Jahrhundert zu verstehen ist. Weitere charakteristische Merkmale unserer westlichen Lebensweise sind freiwillige Bindungen, die nicht auf Zwang beruhen, die Gleichberechtigung der Geschlechter, sexuelle Selbstbestimmung, die Pluralität der Lebensstile, Toleranz, Skepsis gegenüber alten Gewissheiten, das Recht auf Irrtum, die diesseitige Lebenslust im Unterschied zu religiöser Jenseitigkeit und nicht zuletzt die individuelle Glückssuche.

Ablehnung und Hass auf diese westlichen Werte, die unseren Lebensstil auszeichnen, werden vor allem von islamistischen Kräften und autoritären Mächten wie Russland, China oder der Türkei geschürt. Infrage gestellt werden sie inzwischen auch ausgerechnet in den jungen Demokratien Ostmitteleuropas. Und Donald Trump sorgt mit seiner Politik dafür, dass dieser Wertekanon, für den die Führungsmacht einst mobil machte und weltweit in Kriege zog, täglich weiter in Misskredit gerät. Angesichts des traditionsreichen Antiamerikanismus und der gerade in Deutschland ausgeprägten Russlandliebe macht sich auch hier eine gewisse Schadenfreude über das Ende der westlichen Weltordnung breit, auf der linken wie auch auf der rechten Seite des politischen Spektrums.

Die Brandanschläge auf Asylbewerberheime, der rechte Mob, der seine Fremdenfeindlichkeit und seinen Sozialneid auf der Straße und im Internet austobt, zeigen eine lautstarke Minderheit, die mit Freiheitswerten wenig im Sinn hat. Die rechtsradikale Szene, die Identitäre Bewegung, die „Reichsbürger" und die Neo-Nazis sind inzwischen bestens organisiert und vernetzt mit etlichen Verbindungslinien zum NSU (Nationalsozialistischer Untergrund). Ihre Militanz nimmt nicht nur in Worten, sondern auch in Gewaltakten zu, bis hin zum Mord an Politikern. Im Sommer wurde der Kasseler Regierungspräsident Walter Lübcke von einem gut vernetzten und im Internet aktiven Rechtsradikalen ermordet, und 2018 registrierte der Verfassungsschutz 24 000 teils gewaltbereite Rechtsextreme, mit steigender Tendenz. Allerdings nahm auch die Zahl der Linksextremisten (32 000) und Islamisten (26 000) zu.

Aktivisten der rechten Szene benutzten gern das Umfeld der Pegida-Demonstrationen, auf denen vor „Überfremdung" gewarnt wird: „Keine westlichen Zustände in Sachsen"; „Nieder mit der gleichgeschalteten Lügenpresse"; „Volksvertreter sind Volksverräter" – Ausländerfeindlichkeit, der Wunsch nach ethnischer Homogenität und Reinheit mischt sich hier mit Putin-Bewunderung, Antikapitalismus mit Antiamerikanismus und Skepsis bis hin zu Feindlichkeit gegenüber der EU. Deutschtümelei wird begleitet von der Verachtung für die Demokratie und ihre Institutionen. Dieses Sammelsurium aus unterschiedlichen Affekten und Parolen mündet in einem ausgeprägt antiwestlichen Ressentiment – das nicht nur Dresdener Wutbürgern eigen ist. Auch die extreme Linke nutzt häufig nicht nur politische Gipfeltreffen oder den 1. Mai als Kampftage, um gegen das ‚kapitalistische System', die ‚Globalisierung', die ‚kolonialistische Politik des Westens' und das ‚politische Establishment' militant zu demonstrieren.

Tatsächlich reicht diese Skepsis gegenüber den Errungenschaften der westlichen Freiheiten weit hinein in die Mitte der Gesellschaft und beschränkt sich nicht auf den Populismus des rechten oder linken Rands. Auch Intellektuellen, Teilen der Funktionseliten und wirtschaftlichen Akteuren scheint die Begeisterung über die Erfolgsgeschichte des Westens abhandengekommen zu sein. Konservative und linke Kulturkritik an der kapitalistischen Moderne, die den Verlust einer unterstellten ursprünglichen Einheit und integren Welt betrauern, überlappen sich zuweilen. In der multikulturellen Verherrlichung fremder Kulturen, dem Lobgesang auf das Ursprüngliche, Unverdorbene, das frei ist von kapitalistischen Überformungen, schwingt ein antiliberales und antiwestliches Ressentiment mit. Ein tief sitzendes Schuldgefühl angesichts der europäischen

Kolonialgeschichte und der nationalsozialistischen Verbrechen speist den Multikulturalismus und schürt die Selbstzweifel.

Auch der westliche Individualismus und die Säkularität werden zunehmend in Frage gestellt. Sie gelten als Werte einer Kultur, die schleunigst relativiert werden soll und keineswegs mit einem universellen Anspruch auftreten dürfe. Doch diese Herzstücke unserer Zivilisation machen gerade die Attraktivität des Westens aus. Mit der Lobpreisung eines vormodernen kulturellen Kerns, der Einwanderergruppen zugeschrieben wird, kettet ein in bester Absicht gepflegter Multikulturalismus Frauen, Männer und Kinder erneut an Lebensformen und Traditionen, von denen sie sich womöglich gerade befreien wollten. Das ist der eigentliche Zynismus gegenüber den Hunderttausenden Flüchtlingen und Einwanderern, die alles riskiert haben, um bei uns neu zu beginnen und in einen Wohlfahrtsstaat einzuwandern, der in Kapitalismus und Demokratie gründet. Stattdessen werden sie lieber auf Opfer des Kolonialismus, des Kapitalismus und westlicher Politik reduziert, denn als Menschen gesehen, die bewusst etwas an ihren alten Lebensumständen ändern wollen.

Erstaunlicherweise finden sich auch viele Intellektuelle unter den Anhängern des Multikulturalismus und sie verknüpfen diese Haltung mit Aspekten linker Kapitalismuskritik. Der Neomarxismus der Kritischen Theorie und die Kulturkritik der Frankfurter Schule ist in intellektuellen Milieus immer noch prägend und wirkmächtig. In Jürgen Habermas und seinen Schülern hat sie ihre Fortsetzung gefunden. Habermas wiederum war intellektuell stets verbunden mit dem amerikanischen Sozialphilosophen Charles Taylor, der mit seinem Kommunitarismus-Verständnis als der eigentliche Papst des Multikulturalismus gilt. Das Misstrauen gegenüber der im Westen eigentlich doch erfolgreichen Verbindung von Demokratie und Marktwirtschaft prägt weiterhin die intellektuellen Köpfe und lässt sie am Erfolg der westlichen Zivilisation zweifeln.

Identitätspolitik von rechts und links

Neben dem klassischen altlinken Gerechtigkeitsdiskurs, der vornehmlich die ökonomische Gleichheit zwischen den Klassen einklagte, hat sich inzwischen eine Linke im Wissenschafts- und Kulturbetrieb etabliert, die sich für neue Opfergruppen einsetzt und für deren gesellschaftliche Teilhabe und gleichberechtigte Anerkennung kämpft. Entstanden ist diese neue Linke im Kontext der sogenannten Neuen sozialen Bewegungen und hat die studentische 1968er-Bewegung beerbt. Dazu zählten vor allem die Frauenbewegung mit all ihren feministischen Verzweigungen und natürlich die Ökologiebewegung, aus der die Partei der Grünen entstanden ist. Parallel dazu entwickelten immer neue soziale Gruppen, die sich als Opfer von Ungerechtigkeit und gesellschaftlicher Benachteiligung verstanden, ihre jeweils unterschiedlichen Opfernarrative und traten damit auch durchaus in Konkurrenz zueinander. Ihr jeweiliger Bezugspunkt ist eine kollektive Identität, die aus dem geteilten Leid erfahrener Benachteiligung, Unterdrückung und Verfolgung, das Jahrhunderte weit zurückreichen kann, abgeleitet wird: Frauen, sexuelle Minderheiten, die LGBT-Community, Migranten, ethnische und religiöse Minderheiten. Die Forderung nach gesellschaftlicher und kultureller Wertschätzung und Gleichbehandlung, verbunden mit Quotierungsforderungen, wiegen dabei stärker als rein ökonomische Forderungen. Entstanden ist daraus über die Jahrzehnte eine ausgeprägte Identitätspolitik, die affirmativ kollektive religiöse, kulturelle, sexuelle und ethnische Zugehörigkeiten ins Zentrum stellt. Nicht für Individuen werden Rechte eingefordert, sondern für die jeweiligen Opferkollektive, die alle als partikulare Einheiten gleichrangig behandelt werden wollen. In diesem Kontext werden immer mehr Sonderrechte beansprucht, um die bisherige gesellschaftliche und historische Benachteiligung zu kompensieren.

Pikanterweise gibt es auffällige Überschneidungen mit der Identitätspolitik der Rechten, die ebenfalls kulturalistisch und ethnisch argumentiert. Die fremdenfeindliche Identitäre Bewegung tritt nicht nur in Deutschland für die Bewahrung der „ethnokulturellen Identität" ein, die gesetzlich verankert und geschützt werden soll zugunsten eines homogenen Staatsvolks.

Der amerikanische Politikwissenschaftler Francis Fukuyama hält der europäischen Linke vor, sie habe in den letzten Jahrzehnten eine Form des Multikulturalismus unterstützt, „die kaum Wert darauf legt, Neuankömmlinge in nationale Kulturen zu integrieren. Unter dem Banner des Antirassismus hat sie die Anzeichen dafür heruntergespielt, dass die Integration nicht funktioniert. Die neue populistische Rechte dagegen schaut nostalgisch auf eine verblassende Nationalkultur zurück, die auf Ethnizität oder Religion basierte – eine Kultur, in der Einwanderung und Vielfalt kaum existierten." (Fukuyama 2019) Und im Zuge dieser Polarisierung können wir dann beobachten, wie sich linke und rechte Identitätspolitik gegenseitig hochschaukeln.

Selbstverständlich ist niemandem zu verwehren, sich zusammenzuschließen und für die eigenen Interessen und Rechte einzusetzen, das macht ja gerade unsere freiheitliche Demokratie aus, doch wird dieser Kampf gegen Benachteiligung moralisch immens aufgeladen. In diesem Opferdiskurs ist dann weniger von Rechten die Rede, sondern immer häufiger von verletzten Gefühlen und Beleidigungen der Opferkollektive. Es stehen die Schuldigen auf der einen Seite – in der Regel die Mehrheitsgesellschaft in Gestalt weißer, alter Männer, die für ihre Schuld in Vergangenheit und Gegenwart büßen sollen – und die Opfer auf der anderen Seite: Frauen, ethnische, sexuelle und religiöse Minderheiten, denen endlich Gerechtigkeit und Wiedergutmachung widerfahren soll. Die Vertreter der Schuldseite („Schuldentrepreneure") versuchten, moralische Autorität durch Läuterungsdemonstrationen zurückzugewinnen, während die Opferseite („Opferentrepreneure") solche Läuterungsdemonstrationen einforderten, beobachtet die Migrationsforscherin Sandra Kostner (Kostner 2019).

Daraus entsteht eine gesellschaftliche Dynamik, die spaltet und polarisiert. Neben der Moralisierung, die die Identitätspolitik begleitet, ist aber ebenso verheerend die Neigung zum Essenzialismus. Dabei wird einer Kultur, einer Ethnie, einem Geschlecht oder einer Religion ein besonderer wesenhafter Kern zugeschrieben. Der um sich greifende Essenzialismus reklamiert damit einen schützenswerten Kern einer Gruppenidentität, der die eigene Gruppe von anderen Menschen unterscheidet und rein halten soll, und leitet daraus Sonderrechte ab. Dieses Besondere dürfe zudem nicht von anderen Personen oder Kulturen angeeignet werden. Demzufolge sei es verwerflich, wenn in der Onlinekommunikation schwarze Emojis von Weißen verwendet werden oder eine weiße Schauspielerin auf der Bühne die Rolle einer Schwarzen übernimmt, weil es dem historisch rassistischen Blackfacing entspreche. Die amerikanische Sängerin und Schuhdesignerin Katy Perry musste eine Kollektion einstellen, da sie schwarze Sneakers entworfen hatte, die vorne ein roter Mund zierte. Kritiker warfen ihr unrechtmäßige kulturelle Aneignung und obendrein noch Rassismus vor. Es gab in den letzten Jahren unzählige solcher Beispiele im Kultur- und Wissenschaftsbetrieb.

Da überlappen sich paradoxerweise Reinheitsgebote und Reinheitsfantasien linker und rechter Identitätspolitik für Ethnien, Geschlecht, sexuelle Präferenzen und Religion, die wiederum Parallelen mit dem traditionellen und politischen Islam sowie anderen religiösen, fundamentalistischen Sekten aufweisen. Eine Vermischung ist dann wahrlich des Teufels. Auch die sich durchsetzenden Schutzräume an Hochschulen haben diesen Abschottungscharakter gegenüber Unbekanntem und Unvertrautem und folgen dem Reinheitsfuror. Immer neue Opferkollektive fühlen sich beleidigt, missachtet, unterrepräsentiert und überbieten sich besonders gern im gegenseitigen Rassismusvorwurf. Eine derartige kulturelle und ethnische Identitätspolitik, die eigentlich Gleichheit befördern wollte, reproduziert und konserviert nun auch noch im Namen des Antirassismus just jene Zuschreibungen und Vorurteile, die man mit Rasse und Volkszugehörigkeit assoziiert.

Ursprünglich zielte diese Politik und dieser Diskurs auf eine Markierung der Differenz, die auch der französische Poststrukturalismus und der Dekonstruktivismus ideologisch unterfütterten. Der Hinweis auf den emanzipatorischen Ansatz, um Gerechtigkeitslücken zu schließen, wird weiterhin gern rechtfertigend in der Sozialwissenschaft angeführt, etwa wenn die Soziologinnen der Universität Jena, Emma Dowling, Silke van Dyk und Stefanie Graefe, hervorheben: „Der Vorwurf, Identitätspolitik sei partikularistisch und würde damit den Universalismus der Kämpfe um soziale Gerechtigkeit unterminieren, verkennt den ursprünglichen Impuls vieler sozialer Bewegungen, die heute als ‚identitätspolitisch' gelabelt werden."

Wertekanon unter Beschuss

Die Wissenschaftsfreiheit an den Hochschulen gerät immer stärker unter Druck, wenn sich Rede-, Denk- und Diskussionsverbote durchsetzen oder Trigger-Warnungen vorgeschrieben werden, weil Studierende sich aufgrund von faktenbasierten Studieninhalten durch sogenannte Mikro-Aggressionen belästigt fühlen und vermeintlich durch diese traumatisiert werden könnten. Dies ist umso makabrer, weil der Begriff *trigger* ursprünglich aus der Traumaforschung stammt und dem Schutz tatsächlich traumatisierter Personen galt. Einerseits werden in der neuen Verwendung reale Traumatisierungserfahrungen verharmlost und zugleich findet eine Infantilisierung und eine

Art Selbstpathologisierung statt – als seien Studierende nicht ganz zurechnungsfähig, sondern angesichts ständiger potenzieller Kränkung und Verletzung schutzbedürftige und unmündige Wesen.

Der britische Historiker Niall Ferguson beobachtet seit Jahren an den angelsächsischen Eliteuniversitäten, an denen er gelehrt und geforscht hat, dass Studenten immer stärker befürchten, möglicherweise mit unliebsamen Ideen konfrontiert zu werden. „Studenten sind zu Schneeflocken geworden, die man vor gefährlichen Gedanken beschützen muss." (Ferguson 2019) Inzwischen setzt sich im universitären Betrieb ein therapeutisches Modell durch, das nicht an Rationalität und Erkenntnis orientiert ist, sondern am Gefühl und an den Befindlichkeiten von Gruppen. Der Begriff der Diversität hat sich gewissermaßen in sein Gegenteil verkehrt. Verstand man noch in den 1980er-Jahren darunter eine Vielfalt an Ideen, an unterschiedlichen Positionen und multiperspektivischen Zugängen, so ist heute nur noch die Rede von der Diversität der Hautfarben, des Geschlechts und der sexuellen Präferenzen. Ferguson sieht darin eine völlige Verarmung des intellektuellen Diskurses.

Bernhard Kempen, Präsident des Deutschen Hochschulverbands, kritisierte vor diesem Hintergrund schon 2017 die Erosion der Debatten- und Streitkultur an den Universitäten: „Geistige oder ideologische Komfortzonen, in denen Studierende vor unbequemen Inhalten behütet werden", sollte es nicht geben. „Wer eine Universität betritt, muss bereit sein, mit Vorstellungen konfrontiert zu werden, die dem persönlichen Weltbild zuwiderlaufen, und in der Lage sein, sich mit ihnen sachlich auseinanderzusetzen."

Der US-amerikanische Politikwissenschaftler und Publizist Marc Lilla und sein Kollege Francis Fukuyama beobachten schon länger die zunehmende Dominanz des Multikulturalismus und der Identitätspolitiken in der Gesellschaft, aber vor allem auch an den Universitäten. Sie sind in großer Sorge über diese Entwicklung, die vor Jahren in den USA begann und sich in Europa fortsetzte. „Der Begriff des Multikulturalismus, der ursprünglich bloß dazu diente, vielfältige Gesellschaften zu beschreiben, ist zu einem Etikett für ein politisches Programm geworden, das jede separate Kultur und jede gelebte Erfahrung gleichermaßen schätzt und zuweilen besondere Aufmerksamkeit auf diejenigen lenkt, die in der Vergangenheit unsichtbar gewesen oder unterbewertet worden waren. Der klassische Liberalismus wollte die Autonomie gleichwertiger Individuen schützen, der Multikulturalismus will hingegen den einheitlichen Respekt vor Kulturen – selbst wenn diese die Autonomie der Individuen einschränken." (Fukuyama 2019)

Insbesondere in den Gender und Postcolonial Studies kann man die Spätfolgen eines Kommunitarismus und der bildungspolitisch betriebenen Affirmative Action beobachten. Vorreiter in diesem Paradigmenwechsel waren der kanadische Politikwissenschaftler und Philosoph Charles Taylor, der den Multikulturalismus theoretisch fundierte, und der amerikanische Moralphilosoph Michael Walzer, der mit seiner Gerechtigkeitstheorie den Liberalismus und seinen Kollegen John Rawls kritisierte.

Anfangs sollten ganz bewusst benachteiligte Minderheiten proaktiv gefördert werden. Die Selbstorganisation der Studierenden sollte verstärkt und zugleich eine Forschung über kollektive Identitäten, die sich aus Geschlecht und Ethnie ableiten, etabliert werden. Inzwischen hat dieser „Aufmerksamkeitswechsel" eine weitgehende Verschiebung in Richtung eines kulturellen Essenzialismus auf den Weg gebracht.

Marc Lilla und Francis Fukuyama fürchten zu Recht, dass damit eine universalistische Perspektive preisgegeben wird. Der Kulturalismus, der sich allenthalben in dem Diversitäts- und Opferdiskurs etabliert hat, läuft einem Universalismus im

Sinne der europäischen Aufklärung ganz entschieden zuwider. Francis Fukuyama hält deshalb die Zunahme der Identitätspolitik in modernen liberalen Demokratien für eine ihrer Hauptbedrohungen. Die Marginalisierung der Gesellschaft in viele kleine Gruppen, die anerkannt werden wollen, berührt ein wichtiges Prinzip des Liberalismus: nämlich die universelle Anerkennung der Würde des Einzelnen. Sie wird aufgegeben zugunsten der speziellen, partikularen Anerkennung einzelner Gruppen.

Fukuyama zitiert in seinem Werk *Identität. Wie der Verlust der Würde unsere Demokratie gefährdet* Bill King, den Vorsitzenden der Gewerkschaft schwarzer Studenten in Stanford, der Lehrplanänderungen verlangte, als Paradebeispiel für diese Identitätspolitik: „Ich weiß, dass Professoren … einfach nur die Tradition beibehalten, die ihnen richtig erscheint … Aber indem sie uns allen diese Ideen aufzwingen, zermalmen sie die Psyche jener anderen, denen Locke, Hume und Platon nichts zu sagen haben, und sie verweigern den Studienanfängern und Anfängerinnen eine Chance, ihre Perspektive zu erweitern und sowohl Hume als auch Imhotep, Machiavelli als auch al-Maghili, Rousseau als auch Mary Wollstonecraft zu akzeptieren … Das westliche-Kultur-Programm, so wie es sich gegenwärtig um ein Kernverzeichnis und eine überholte Philosophie des Westens in Form von Griechenland, Europa und Euro-Amerika strukturiert, ist unangebracht, und schlimmer noch, es kränkt Menschen geistig und emotional auf eine Art, die nicht einmal wahrgenommen wird."

Angefeuert vom Antikolonialismus der akademischen Linken forderten auch in London Studenten an der School of Oriental and African Studies eine radikale Dekolonisierung des Lehrplans in Philosophie. Der Vorwurf lautete, jeder Lehrplan, der europäischen Denktraditionen eine größere Bedeutung beimisst als der Überlieferung anderer Kulturen, sei rassistisch und spiegele den Wertehorizont des europäischen Imperialismus im 19. Jahrhunderts wider. Säuberlich wird dabei getrennt zwischen Tätern und Opfern: Zur Tätergruppe zählen auch hier weiße Männer, Europäer und Westler insgesamt.

Inzwischen hat die multikulturelle Linke längst die Hegemonie im akademischen und Kulturbetrieb erlangt. Die neue Lust an kollektiven Identitäten geht daher Hand in Hand mit kollektiven Gewissheiten und hat zu einer ausgeprägten Politisierung der Sozial- und Geisteswissenschaften geführt. Wer sich nicht an den neuen Kanon hält, ihn kritisiert oder ihm widerspricht, wird hurtig mit dem Rassismusvorwurf belegt.

Auch der Wiener Philosoph Konrad Paul Liessmann empört sich über den massiven sozialen Druck, der aufgebaut wird, etwa um einen bestimmten Sprachgebrauch durchzusetzen, und verurteilt die Kampagnen in sozialen Netzwerken, um unliebsame und politisch anders denkende Diskussionspartner an Universitäten auszuschließen. „Der Ruf nach Vorschriften, nach Verboten, nach Regelungen des Sprachgebrauchs, nach Normierung von Leselisten, nach Verbannung aller Positionen, die einem vermeintlich unfehlbaren Zeitgeist widersprechen, wird dabei nicht von übergeordneten Instanzen autoritär vorgeschrieben, sondern er kommt von unten. Von der Basis. Von den Studenten. Von kleinen, aber lautstarken Gruppierungen." (Liessmann 2019) Doch viele Lehrende im Universitätsbetrieb beugen sich diesem Druck und folgen dem Zeitgeist. Dass gerade jene, die Inklusion auf ihre Fahnen geschrieben habe, andere Positionen politisch ausgrenzen, ist besonders ärgerlich.

Früher sei der Konflikt zwischen Linken oder Liberalen und ihren Gegnern einer gewesen zwischen jenen, die Menschen danach beurteilten, „was sie sagen, oder danach, was sie sind". Doch das bilde die heutige Situation nicht mehr ab: „Wir haben es, auf allen Seiten, immer stärker mit Äußerungen zu tun, wer man sei", sagt der Soziologe Armin Nassehi. Wie schon sein Kollege Fukuyama sieht auch er eine konfliktuelle Komplizenschaft zwischen rechten und linken Identitätsdiskursen. „In diesem Kulturkampf kann es weder Sieger noch einen Ausweg geben, weil sich die Identitäten gegenseitig bestätigen, ja voneinander leben." (Nassehi 2019)

Auch in Frankreich tobt vor dem Hintergrund seiner Kolonialgeschichte ein solcher Kulturkampf, den Pascal Bruckner schon frühzeitig analysierte und in dem er einen „europäischen Schuldkomplex" (2008) am Wirken sieht. Im Frühjahr wurde zum Beispiel Alain Finkielkraut erneut an einem Auftritt an einer Universität, der Eliteschule Sciences Po in Paris, gehindert, weil die Studenten ihm wegen seiner Kritik am Multikulturalismus ein Sprechverbot erteilen wollten. Es geht inzwischen auch an den französischen Universitäten um die Hegemonie, die der sogenannte Dekolonialismus, hervorgegangen aus den Postkolonialen Studien, gewinnen will. Es ist die gleiche linke Identitätspolitik, die sich dort durchsetzen will, wie in den USA oder auch bei uns. Achtzig Intellektuelle stellten sich dieser Entwicklung mit einem Appell entgegen. Zu den Unterzeichnern gehörten u. a. Élisabeth Badinter, Alain Finkielkraut, Jean-Pierre Le Goff, Pierre Nora, Mona Ozouf und der algerische Schriftsteller Boualem Sansal. Das Manifest listete all jene Attacken, Polemiken und Prozesse auf, die im Namen der Dekolonisation gegen Intellektuelle und Institutionen geführt wurden. Angegriffen werden u. a. der Geograf Christophe Guilluy, der Demokratietheoretiker Marcel Gauchet, Pascal Bruckner, die Journalistin Zineb El Rhazoui, die bei Charlie Hebdo arbeitete, und der Schriftsteller Kamel Daoud. Im Verbot des Schleiers sehen die Dekolonialisten den Kolonialismus am Werk, und der Laizismus ist für sie Ausdruck von Islamfeindlichkeit. Inzwischen sind sie so einflussreich und gut vernetzt, dass sie an einigen Universitäten die Personalpolitik bestimmen. Auch hier werden Täter- und Opfergruppen für den ideologischen Kampf gerastert, und Beleidigung und Kränkung haben, wie schon seinerzeit beim Streit um die Mohammed-Karikaturen, als Begründungskategorien den inhaltlichen Austausch von Argumenten in Debatten abgelöst.

Entsprechend warnt auch die Schriftstellerin Thea Dorn davor, die Schaffung von „Kränkungs-Communitys" gefährde das liberale Ideal, wonach jeder er selbst sein kann und gleichzeitig freier und gleichberechtigter Teil einer Staatsgemeinschaft. „Hier lautet die komplexe Aufforderung nicht: ‚Schau her, ich bin einzigartig und dennoch erwarte ich, dass du mich als gleichwertig respektierst!' Sie verkommt zur niederschmetternden Mitteilung: ‚Schau her, ich gehöre einer Gruppe von Menschen an, deren Kränkungserfahrungen einzigartig sind und deren Gefühlshaushalte du deshalb nie verstehen wirst!' Wenn dann auch noch Mitglieder von ehemals privilegierten Gruppen (wie den ‚alten, weißen Männern' oder ‚Biodeutschen') dazu übergehen, mit derselben identitätspolitischen Münze zurückzuzahlen und sich ihrerseits zu Kränkungs-Communitys zusammenzuschließen, hat der gesellschaftliche Zerfall endgültig begonnen." (Dorn 2019)

Mittlerweile begegnen wir allseits einem stark narzisstisch geprägten Betroffenheitskult, in dem die Betroffenen noch um den besten Platz in der Hierarchie der diversen Opfergruppen buhlen und darum, wem in der Geschichte der westlichen Zivilisation das schlimmste Leid widerfahren sei. Ursprünglich waren es Emanzipationsbewegungen, die völlig zu Recht auf historische und aktuell bestehende Diskriminierungen aufmerksam machten und gegen Sexismus und Rassismus aufbegehrten. Doch daraus sind identitäre Communties entstanden, die ihre Anliegen ideologisiert und in einen moralisierenden Feldzug umgemünzt haben. Sie sorgen damit nicht für Aufklärung, sondern treiben Polarisierungen voran, die weder der Emanzipation noch dem Zusammenhalt einer Gesellschaft dienlich sind. Wenn ständig nur noch in Täter- und Opferkategorien gedacht wird, geht das nicht nur an der Realität vorbei, sondern verhindert jedwede sachliche Auseinandersetzung. Auch in der #MeToo-Debatte konnte man diese Mechanismen beobachten. Wenn Frauen in westlich-demokratischen Gesellschaften vor allem als Opfer gesehen werden und Männer als historische Täter im Patriarchat und gegenwärtige potenzielle Vergewaltiger, Faschisten und Rassisten, so ist dies doch recht unterkomplex. Die Geschlechterverhältnisse sind trotz vieler Fortschritte weiterhin komplizierter und auch die Verhältnisse zwischen Minderheiten und Mehrheitsgesellschaft lassen sich nicht im Opfer-Täter-Muster fassen. Der moralisierende Betroffenheitskult vernebelt eher den Blick auf Gerechtigkeitslücken und soziale Dynamiken, die immer auch von Ambivalenzen begleitet sind.

Svenja Flaßpöhler, Chefredakteurin des *Philosophie Magazins*, betont deshalb, es sei gerade notwendig, dass am Diskurs auch Menschen teilnehmen, die nicht unmittelbar betroffen sind. Diese hätten den Vorteil, sich aus der eigenen Betroffenheit nicht erst herauslösen zu müssen und Aspekte zu sehen, die Betroffenen verborgen bleiben. Auch sie beklagt in der Debatte die Unfähigkeit zur Ambivalenz und die Unfähigkeit zu differenzieren.

Ausgerechnet im Kultur- und Wissenschaftsbetrieb machen sich solche Neigungen zur Grobschlächtigkeit und mangelnden Differenzierung breit. Erfreulicherweise hat die Schriftstellerin Eva Menasse zur Eröffnung des Literaturfestivals im Herbst 2018 in Berlin in aller Klarheit darauf hingewiesen und scharf kritisiert, dass verdiente Wissenschaftler als Nazis, Lyriker als Sexisten und Sprachforscher, wegen ihrer wissenschaftlichen Beschäftigung mit Ressentiments und Vorurteilen, als Vorurteilsverbreiter schnöde diffamiert würden. „In den meisten Fällen ist es losgetreten von Studenten, also von jungen Menschen, die intelligent, gut ausgebildet, vernetzt und kreativ in ihren Protestformen sind, aber offenbar unfähig, ihre eigene militante Intoleranz zu erkennen."

Inzwischen häufen sich solche Fälle besonders an Universitäten. Das gleicht schon fast einem Gesinnungsterror in Gestalt eines Betroffenheitsfundamentalismus, der sich zwar emanzipatorisch geriert, aber letztlich totalitäre Züge hat. Der selbstbezügliche Identitätskult dieser Politik folgt Mechanismen der Separation und der Ausgrenzung und ist ständig dabei, andere Positionen moralisch zu delegitimieren. Doch da Universitäten gewissermaßen die Kaderschmiede zukünftiger Eliten sind, die dort intellektuell sozialisiert werden, ist der Blick in den akademischen Betrieb umso notwendiger. Inzwischen haben Elemente dieser Identitätspolitik breiten Eingang in Lehre und Forschung gefunden, was natürlich auch Folgen für das Selbstverständnis der dort ausgebildeten zukünftigen gesellschaftlichen Leistungsträger in Politik, Wirtschaft, Kultur und Medien hat. Und damit sind wir wieder bei den sogenannten liberalen kosmopolitisch und multikulturell orientierten Eliten angelangt, denen so viel Misstrauen entgegenschlägt. Liberal sind sie vor allem im Sinne des amerikanischen *liberal,* womit in den USA die Demokraten, also die Linken beziehungsweise Linksliberalen bezeichnet sind. Dort sind gerade sie Unterstützer der Identitätspolitik im Kultur- und Wissenschaftsbetrieb und stellen damit eigentlich liberale Prinzipien infrage, insbesondere die Wertschätzung des Individuums gegenüber dem Kollektiv. Ähnliches können wir in Europa vonseiten der kosmopolitisch und multikulturell orientierten Eliten beobachten.

Deshalb ist inzwischen eine paradoxe gesellschaftliche Situation entstanden. Gerade die Gesellschaften der westlichen Staaten zeichnet aus, dass sie ein hohes Maß an Sensibilität für Diskriminierung und die Sorge um Minderheiten entwickelt haben, was in den letzten Jahren noch zugenommen hat. Dennoch hat dies nicht den Zusammenhalt der Gesellschaft gestärkt und ihren Spaltungstendenzen Einhalt gebieten können. Der ehemalige Bundespräsident Joachim Gauck warnt angesichts dieser Entwicklung, in ihrem Bestreben, auch noch kleinen und kleinsten Gruppen Anerkennung zukommen zu lassen und Teilhabe zu ermöglichen, hätten die Progressiven oft den Kontakt zu Mehrheiten verloren. Daraus sei eine Lehre zu ziehen: Wenn die Progressiven zu weit vorauseilten, erst recht, wenn sie die Interessen relevanter Mehrheiten gering schätzten, würden sie unweigerlich die Reaktion aktivieren. (Gauck 2019)

Plädoyer für eine antitotalitäre Selbstaufklärung

Die eingangs aufgeworfene Frage, ob wir noch Intellektuelle brauchen, die öffentlich wahrnehmbar und interventionslustig sind, möchte ich mit einem lautstarken „Ja" beantworten – und nicht etwa aus nostalgischen Gründen. Intellektuelle haben viel an Deutungsmacht und gesellschaftlichem Ansehen verloren. Sie sind nicht mehr die allwissenden, allgegenwärtigen und unangefochtenen Sinndeuter und Sinnstifter wie in früheren Zeiten. Aber sie bleiben dennoch „gelehrte Experten", „savants experts", wie sie Michel Foucault nannte.

Leider verfügen viele der Älteren nicht in adäquater Weise über die neuen digitalen Kulturtechniken, was neuen Akteuren und Wortführern etwa in sozialen Medien einen klaren Wettbewerbsvorteil im Ringen um Aufmerksamkeit verschafft. Es wäre indes trotzig und unbedacht, sich diesen neuen Formen, Mechanismen und Dynamiken der digitalen Öffentlichkeit einfach zu verweigern – mit dem resignierten Verweis auf den Zerfall der „analogen" Öffentlichkeit und einem nostalgischen Blick zurück.

Wir brauchen Intellektuelle, die hervorstechen aufgrund ihrer außergewöhnlichen Ideen und ihres Mutes, Neues zu denken, auch wenn der große Rest noch nicht so weit ist. Obwohl im Zuge der Digitalisierung die Illusion genährt wurde, jeder könne alles selbst, was er sogleich in egalitärer Manier mit allen anderen teilen werde. Alle würden damit automatisch mündiger und demokratischer und bräuchten keine Orientierung mehr von Personen, die über mehr Kompetenz,

Wissen und Weitblick verfügten. Die Desillusionierung folgte alsbald, denn unser Wohlstand, unsere Demokratie und unser freiheitliches Gemeinwesen gründen nicht zuletzt in der sich über Jahrhunderte ausdifferenzierten Arbeitsteilung, was seine Vorteile hat. Denn die gewonnene Gleichheit jedes Einzelnen vor dem Gesetz verbunden mit Chancengerechtigkeit schließt die Ungleichheit in anderen Feldern keineswegs aus – sie ist produktive Antriebsfeder und sorgt für den Wettbewerb der Ideen.

Diese Ideen im Wettstreit sind nun gerade den absteigenden Volksparteien bei ihrem zähen Ringen um Machterhalt abhandengekommen. So gesehen könnte es der Politik nicht schaden, auf soziologisches und politikwissenschaftliches Know-how zurückzugreifen. Wenn Intellektuelle überhaupt bereit dazu wären, ihr Wissen der Politik zur Verfügung zu stellen, und Politiker und Fachausschüsse es nicht gleich wieder in Schubladen verschwinden lassen würden, wenn es unbequem ist. Innovativ und eine Antwort auf die Vertrauenskrise könnte dies allerdings nur sein, wenn das eingebrachte Wissen nicht unmittelbar umgemünzt würde in die Perfektionierung neuer Sozialtechniken des Machterhalts. Vor allem dürfte sich die Politik aufgrund der eingeholten Expertisen nicht unanfechtbar machen, und umgekehrt müssten Intellektuelle sich davor hüten, mit ihrer Kollaboration zu Dienern der politischen Macht zu werden. Das würde ihrem Ansehen und der Freiheit und Unabhängigkeit der Wissenschaft ebenso schaden wie dem Ansehen demokratischer Politik.

Intellektuelle dürfen natürlich schräg, schrullig, exzentrisch, polemisch, eigensinnig und streitlustig sein. Sie sollten sich aber immer gewiss darüber sein, dass sie fehlbar sind und Irrtümer begehen können, dass ihr Wissen Grenzen hat. Aufgrund ihres kulturellen Kapitals, ihrer Ausbildung, ihres Wissens und ihres gesellschaftlichen Status können sie nicht selbstverständlich in Anspruch nehmen, die einzigen und besten Vertreter des Allgemeinwohls und universalistischer Prinzipien zu sein. Aber sie könnten eine prominentere Rolle im demokratischen Prozess der politischen Meinungsbildung einnehmen. Gerade in Zeiten solcher Umbrüche und Krisen, die uns heute zusetzen, wären öffentlich vernehmbare „engagierte Beobachter", von denen Ralf Dahrendorf sprach, mutige Köpfe, die seinen liberalen Staffelstab aufgriffen, nötiger denn je.

Doch der Platz der politischen Mitte ist verwaist – wovon auch der allseits beklagte Niedergang der Volksparteien zeugt. Und diese Leerstelle wird intellektuell von ganz wenigen bespielt. Kaum zu entdecken sind dort Intellektuelle, die den aktuellen Herausforderungen mit klar antitotalitären, freiheitlichen und universalistischen Positionen entgegentreten. Und das in einer Situation, in der die Mittelschicht weiter auseinanderdriftet und der gesellschaftliche Zusammenhalt erodiert. Die Gesellschaft zersplittert in immer neue Kollektive, die für ihre partikularen Gruppeninteressen kämpfen und mit ihrer teils rigiden, fundamentalistischen Identitätspolitik für eine weitere Fragmentierung der Gesellschaft sorgen. Zuweilen hat man den Eindruck, die Gesellschaft würde auf eine frühere Stufe ihrer Entwicklung regredieren, weg vom Ideal des autonomen, selbstbestimmten, aufgeklärten Individuums und wachen Staatsbürgers hin zum Stammesdenken und der Hordenbildung mit gefeierten Anführern. In den sich selbst bestätigenden Communities, verstärkt durch die neuen Medien, ist ein besorgniserregender Rückfall in den Tribalismus zu beobachten. Ideologisch flankiert ist er von einem antiliberalen Kommunitarismus und Multikulturalismus, der besonders in der akademischen Linken und Kulturlinken, aber inzwischen auch in den kosmopolitischen Eliten anzutreffen ist. Auf der Rechten wird hingegen ein Kollektivismus favorisiert, der sein Heil in der ethnischen Homogenität der Volksgemeinschaft sieht. Kollektivistisch sind beide und entfernen sich damit gleichermaßen von den universalen Prinzipien der Aufklärung. Deren Anliegen war die Selbstermächtigung des Individuums, mit dem Ziel seiner Emanzipation aus kollektiven Zwängen, flankiert von Solidarität und Gemeinsinn. Die Errungenschaft aus dieser zivilisatorischen Leistung war die Gleichheit jedes Einzelnen vor dem Recht – also keineswegs die soziale Ergebnisgleichheit, wie sie von der Linken und neuen Linken für diverse Opfergruppen eingefordert wird.

In jedem Fall stecken wir seit geraumer Zeit – wie ich versucht habe zu zeigen – in einer Polarisierungsfalle, aus der es schwer ist, sich herauszulösen. Polarisierungen, wie wir sie in den Debatten und in der Neuformierung der politischen und intellektuellen Lager beobachten, sind selbst zutiefst antipluralistisch und verhindern inhaltliche Kontroversen, die der Aufklärung dienlich sein könnten. Paradigmatisch für diese Polarisierungen sind die Identitätspolitiken auf der rechten wie auf der linken Seite, die sich in einem regelrechten Kulturkampf gegenseitig befeuern. Gefährlich – nicht nur für den gesellschaftlichen Zusammenhalt, sondern auch für die Demokratie – sind sie geworden, weil sie inzwischen extrem moralisch und ideologisch aufgeladen sind. Der Kampf um die politisch-kulturelle Hegemonie ist in vollem Gange. Auch Intellektuelle stehen nicht über den Dingen und Verhältnissen, wie wir wissen, und neigen natürlich ebenfalls zur Lagerbildung. Doch in der derzeitigen Situation das Heil in einer Zuspitzung der Polarisierung zu suchen, ist gefährlich und dumm zugleich. Und in all dem Getümmel ist die Meinungsfreiheit als eines der höchsten Güter der Demokratie und offenen Gesellschaft zu verteidigen – sie ist höherwertig als verletzte Gefühle.

Wir brauchen einen Diskurs in der Mitte jenseits der unproduktiven, strammen Rechts-Links-Polarisierung, und darin klugen, durchaus auch scharfen Streit ohne Konsenszwang. Die Mitte intellektuell zu besetzen würde gerade bedeuten, dort unterschiedliche Standpunkte zuzulassen, die sich produktiv reiben, und damit den Pluralismus tatsächlich ernst zu nehmen und umzusetzen!

Heute kritisieren Repräsentanten der kosmopolitischen Eliten, ob aus Politik, Wissenschaft oder Kultur, gern den Antipluralismus populistischer Kräfte und fordern mehr Toleranz gegenüber anderen Kulturen. Sie selbst sind dann aber nicht mehr pluralistisch, wenn es um politisch von ihrer Position abweichende oder entgegengesetzte Meinungen geht. Sie immunisieren sich mit dem Verweis auf ihren aufgeklärten, kosmopolitischen Universalismus, den sie ihrerseits gegen den von ihnen kritisierten dumpfen Partikularismus in Stellung bringen. Und als partikularistisch rückständig wird dann auch ohne Weiteres das Festhalten am Nationalstaat gebrandmarkt, dem eine postnationale, kosmopolitische und europäische Orientierung weitaus überlegener sei. Diese selbstbewusst vorgetragene Haltung hat inzwischen viel Unmut auf sich gezogen.

Auch ein moralisierender, immer wieder bemühter Antifaschismus, der eine Art „deutsche Sondermoral" manifestieren möchte, hilft uns nicht weiter. Ein solch einäugiger Antifaschismus verweigert sich den historischen Lehren der Diktaturerfahrungen und setzt geschichtsklitternd die Verharmlosung der kommunistischen Verbrechen fort.

In den ideologischen Kampfarenen tummeln sich ganz wirr einige Begrifflichkeiten, die mehr verdunkeln als erhellen, weil sie wechselweise dieser und jener Gruppe zugeordnet werden. Erst war von Rassismus die Rede, der dann zum „antimuslimischen Rassismus" gesteigert wurde, die gebrandmarkte Islamophobie galt einigen Debattenbeiträgern als der „neue Antisemitismus". Obwohl in der Tat ein muslimischer Antisemitismus aktenkundig ist, wird der Hinweis darauf wiederum rassistisch genannt. Man sieht, die Täter-Opfer-, die Schuld-Sühne-Zuweisungen dienen nicht der Klärung von

Sachverhalten, sondern sind ideologisch-moralische Kampfbegriffe, die den jeweiligen Gegner delegitimieren und ins Aus befördern sollen. Und Begriffsklärungen, Differenzierungen und ein Augenmerk für Ambivalenzen zählen ja eigentlich zu den Kernaufgaben von Intellektuellen. Was wir brauchen, um dem Furor dieses identitären Fundamentalismus, der von Rechten, Linken und Islamisten gleichermaßen bedient wird, entgegenzutreten und zu entzaubern, ist eine antitotalitäre Selbstaufklärung, die aus der politischen Mitte kommt.

Intellektuelle, traut Euch in die Mitte, um die Freiheit zu verteidigen gegenüber diesem alten und neuen identitären Kollektivismus! Das ist die Lehre aus den Totalitarismen des letzten Jahrhunderts und öffnet den Blick für die Gefahren der neuen, die im religiösen, kulturalistischen, ethnischen oder autoritativen Gewand daherkommen. Verteidigt die Säkularität, denn sie ist eine Quintessenz unserer freiheitlichen Ordnung und Lebensweise.

Ja, wir brauchen weiterhin Intellektuelle, die lautstark die Universalität der Aufklärung, der Vernunft und die Wertschätzung des Individuums und seiner Freiheiten gegenüber dem Kollektiv verteidigen, gerade in Zeiten einer krisenhaften Demokratie und zunehmender westlicher Selbstzweifel. Doch ein Liberalismus ohne antitotalitäre Erdung ist zahnlos, nicht robust und geschichtsvergessen. Deshalb lohnt es sich, wieder an die antitotalitäre Tradition der Intellektuellen, die sich vor siebzig Jahren um den Kongress für kulturelle Freiheit scharten, anzuknüpfen und damit die Mitte neu zu beleben. Es wäre – bei aller Skepsis und Ungewissheit – einen Versuch wert, damit in Deutschland und Europa wieder eine Heimat zu finden.

Danksagung

Danken möchte ich der Marga und Kurt Möllgaard-Stiftung für die Unterstützung, die sie mir für dieses Buch gewährt hat. Mein Dank geht vor allem an meine beiden ersten Leser Wolfgang Barus und Thierry Chervel, die mir mit ihrer Kritik und Ermutigung in den mühseligen Zeiten des Schreibtunnels beistanden. Und vielen Dank meinen Freundinnen und Freunden, die mich dabei geduldig ertragen und mit Ansporn und Aufmunterung begleitet haben.

Literatur

Ackermann, Ulrike: Sündenfall der Intellektuellen, Stuttgart 2000
Ackermann, Ulrike: Eros der Freiheit, Stuttgart 2008
Ackermann, Ulrike (Hg.): Freiheitsindex Deutschland, Frankfurt am
    Main 2015, 2016, 2017
Améry, Jean: Jenseits von Schuld und Sühne. Bewältigungsversuche
    eines Überwältigten, München 1966
Aron, Raymond: Opium für Intellektuelle, Köln/Berlin 1957
Aron, Raymond: Plädoyer für das dekadente Europa, Berlin 1978
Ates, Seyran: Die große Reise ins Feuer, Berlin 2003

Bärwald, Ralf: „Der Historikerverband wendet sich von Max Weber ab",
    in: Frankfurter Allgemeine Zeitung, 10.10.2018
Bolz, Norbert: „Souverän Denken", in: Cicero, Februar 2019
Bourdieu, Pierre: Homo academicus, Frankfurt am Main1992
Bourdieu, Pierre: Die feinen Unterschiede, Frankfurt am Main1992
Bourdieu, Pierre: Gespräch mit Ulrike Ackermann. Frankfurter Hefte
    9/1992.
Bracher, Dietrich: „Zeitgeschichtliche Erfahrungen als aktuelles Pro-
    blem", in: Aus Politik und Zeitgeschichte, 14.3. B 11/1987
Bruckner, Pascal: Das Schluchzen des weißen Mannes, Berlin 1989
Bruckner, Pascal: Der Schuldkomplex, München 2008
Bruckner, Pascal: Un racisme imaginaire. Islamophobie et culpabilité,
    Paris 2017
Bruckner, Pascal: „Die ,Gilets jaunes' verkörpern nicht das ,wahre'
    Frankreich", in: Neue Zürcher Zeitung, 24.1.2019
Bude, Heinz: Solidarität. Die Zukunft einer großen Idee, München 2019

Chervel, Thierry/Seliger, Anja: Islam in Europa, Frankfurt 2007
Courtois, Stéphane, Werth, Nicolas, Panné, Jean-Louis, Paczkowsky,
    Barosek, Karel, Margolin, Jean-Louis: Das Schwarzbuch des Kommu-
    nismus. Unterdrückung, Verbrechen und Terror, München 1989

Crouch, Colin: Postdemokratie, Berlin 2008

Dahrendorf, Ralf: Gesellschaft und Freiheit, München 1962

Dahrendorf, Ralf: Gesellschaft und Demokratie in Deutschland, München 1968

Dahrendorf, Ralf: Acht Anmerkungen zum Populismus, in: Transit, Nr. 25, Wien 2003/Eurozine 2007

Dahrendorf, Ralf: Versuchungen der Unfreiheit. Die Intellektuellen in Zeiten der Prüfung, München 2006

Dahrendorf, Ralf: „Freiheit – eine Definition", in: Ulrike Ackermann (Hg.): Welche Freiheit. Plädoyer für eine offene Gesellschaft, Berlin 2007

Daoud, Kamel: „Das sexuelle Elend der arabischen Welt", in: Frankfurter Allgemeine Zeitung, 18.2 2016

Detering, Heinrich: Was heißt hier „wir"? Zur Rhetorik der parlamentarischen Rechten, Stuttgart 2019

Di Fabio, Udo: „Welt aus den Fugen", in: Frankfurter Allgemeine Zeitung, 14.9.2015

Dorn, Thea: Deutsch, nicht dumpf. Ein Leitfaden für aufgeklärte Patrioten, München 2018

Dorn, Thea: „Die Rache der Gekränkten", in: Süddeutsche Zeitung, 8.3.2019

Dowling, Emma/Silke van Dyk/Stefanie Graefe: „Rückkehr des Hauptwiderspruchs", in: PROKLA. Zeitschrift für kritische Sozialwissenschaft, Nr. 188, 1.9.2017

Dreier, Horst: Staat ohne Gott. Religion in der säkularen Moderne, München 2018

Elias, Norbert: Die Gesellschaft der Individuen, Frankfurt am Main 1991

Elias, Norbert: Über den Prozess der Zivilisation, Band 1 und 2, Frankfurt am Main 1997

Elitz, Ernst: „Eine entgangene Chance", in: Cicero, 3.4.2018

Ferguson, Niall: Gespräch, in: Neue Züricher Zeitung, 20.3.2019

Finkielkraut, Alain: Die Niederlage des Denkens, Hamburg 1989

Finkielkraut, Alain: „Ich habe Angst vor Merkels Gesinnungsethik", Gespräch, in: Die Zeit, 26.11.2015

Finkielkraut, Alain: „Macron bezahlt jetzt den Preis für seinen Sieg", Gespräch, in: Neue Züricher Zeitung, 1.2.2019

Flaßpöhler, Svenja: „Ein sträflich generalisierender Diskurs", Gespräch, in: Deutschlandfunk, 7.5.2018

Fukuyama, Francis: Ende der Geschichte, Hamburg/Reinbek 1992

Fukuyama, Francis: Identität. Wie der Verlust der Würde unsere Demokratie gefährdet, Hamburg 2019

Furet, Francois: Das Ende der Illusion, München/Zürich 1996

Furet, Francois/Nolte, Ernst: Feindliche Nähe. Kommunismus und Faschismus im 20. Jahrhundert, München 1998

Garton Ash, Timothy: Free Speech, Yale University Press 2016

Gauck, Joachim (in Zusammenarbeit mit Helga Hirsch): Toleranz: einfach schwer, Freiburg 2019

Geipel, Ines: Umkämpfte Zone. Mein Bruder, der Osten und der HaSS, Stuttgart 2019

Geipel, Ines: „Das Ding mit dem Osten", in: Frankfurter Allgemeine Zeitung, 12.8.2019

Geppert, Dominik/Hoeres, Peter: „Gegen Gruppendruck und Bekenntniszwang", in: Frankfurter Allgemeine Zeitung, 10.10.2018

Ghadban, Ralph: „Wir müssen die Clan-Strukturen schnell zerschlagen", Gespräch, in: Frankfurter Allgemeine Zeitung, 7.4.2018

Goodhart, David: The Road to Somewhere, London 2017

Gosepath, Stefan: „Brauchen wir Eliten?", in: Philosophie-Magazin 10/2018

Guilluy, Christophe: „Die Ungleichheit bedroht den gesellschaftlichen Zusammenhalt", Gespräch in: Frankfurter Allgemeine Zeitung, 4.11.2018

Guilluy, Christophe: No Society, Paris 2018

Habermas, Jürgen: Strukturwandel der Öffentlichkeit, Neuwied a. Rhein/Berlin 1968

Hirsi Ali, Ayaan: Mein Leben, meine Freiheit, München 2006

Kant, Immanuel: Werke, herausgegeben von Ernst Cassirer, Bd. IV, Berlin 1922

Kelek, Necla: Die fremde Braut, Köln 2005

Kelek, Necla: Die verlorenen Söhne, 2006

Kempen, Bernhard: Gespräch, in: Telepolis, Wissenschaft, 19.4.2017

Kielmansegg, Peter Graf: „Verteidigung der Politik", in: Frankfurter Allgemeine Zeitung, 2.7.2018

Kielmansegg, Peter Graf: „Über Migration", in: Frankfurter Allgemeine Zeitung, 4.2.2019

Kostner, Sandra: „Schuld und Sühne", in: Frankfurter Allgemeine Zeitung, 6.5.2019

Krastev, Ivan: Europadämmerung, Berlin 2017

Kretschmann, Winfried: Worauf wir uns verlassen können. Für eine neue Idee des Konservativen, Frankfurt am Main 2018

Lefort, Claude: Democracy and Political Theory, Minneapolis 1988

Leggewie, Claus: „Nebenwahlen? Hauptsache! Europa vor einer Richtungsentscheidung", in: Aus Politik und Zeitgeschichte, 18.1.2019

Leo, Per, Steinbeis, Maximilian, Zorn, Daniel-Pascal: Mit Rechten reden, Stuttgart 2017

Liessmann, Paul: „Woher dieser fanatische Hass auf jene, die für sich die Freiheit des Denkens noch in Anspruch nehmen", in: Neue Züricher Zeitung, 30.4.2019

Lilla, Marc: The once and future liberal, New York 2018

Lilla, Mark: „Zugehörigkeit braucht Grenzen", in: Die Zeit, 14.3.2019

Lobo, Sascha: „Brauchen wir Eliten?", in: Philosophie Magazin 10/11/2018

Lübbe, Hermann: Politischer Moralismus, Berlin 2019

Mair, Peter: Ruling the Void. The Hollowing of Western Democracy, London 2013

Manow, Philip: Die Politische Ökonomie des Populismus, Berlin 2018

Manow, Philip: „‚Dann wählen wir uns ein anderes Volk …'. Populisten vs. Elite vs. Populisten", in: Merkur, April 2018

Maron, Monika: Gespräch, in: Deutschlandfunk, 15.3.2018

Meier, Christian: „Keine Schlusswort", in: Historiker-Streit. Dokumentation der Kontroverse, München 1987

Merkel, Wolfgang: „Der Niedergang der Volksparteien", in: Frankfurter Allgemeine Zeitung, 23.10.2017

Mill, John Stuart: Ausgewählte Werke 1–5, hrsg. von Ulrike Ackermann und Hans Jörg Schmidt, Hamburg 2012–2016

Miłosz, Czesław: Verführtes Denken, Köln 1974

Mouffe, Chantal: Für einen linken Populismus, Berlin 2018

Müller, Jan-Werner: Was ist Populismus?, Berlin 2016

Nachtwey, Oliver: Die Abstiegsgesellschaft. Über das Aufbegehren in der regressiven Moderne, Berlin 2016

Nachtwey, Oliver mit Florian Butollo: Karl Marx: Kritik des Kapitalismus. Schriften zu Philosophie, Ökonomie, Politik und Soziologie, Berlin 2018

Nassehi, Armin: Die letzte Stunde der Wahrheit, Hamburg 2015

Nassehi, Armin: „Der gegenwärtige Kulturkampf", in: Frankfurter Allgemeine Zeitung, 9.4.2019

Noelle-Neumann, Elisabeth: Die Schweigespirale. Öffentliche Meinung – unsere soziale Haut, München 1980

Nolte, Ernst: „Vergangenheit, die nicht vergehen will", in: Historikerstreit. Dokumentation der Kontroverse, München 1987

Papier, Hans-Jürgen: „Unbegrenzte Einreise ist ein Fehler", in: Handelsblatt, 12.1.2016

Pfahl-Traughber, Armin: „Antimuslimischer Rassismus – analytische Kategorie oder polemisches Schlagwort", in: Humanistischer Pressedienst, 14.6.2019

Pörksen, Bernhard: Die große Gereiztheit. Wege aus der kollektiven Erregung, München 2018

Pörksen, Bernhard, „Umgang mit Rezo – Arroganz statt Inhalte", in: Süddeutsche Zeitung, 3.6.2019

Popper, Karl R.: Auf der Suche nach einer besseren Welt, München 1984

Reckwitz, Andreas: Die Gesellschaft der Singularitäten, Berlin 2017

Rödder, Andreas: „Gegen all diese Moralisierung", Gespräch, in: Freitag, 12.4.2019

Rödder, Andreas: Konservativ 21.0. Eine Agenda für Deutschland, München 2019

Roßbach, Nicola: Achtung Zensur! Über die Meinungsfreiheit und ihre Grenzen, Berlin 2018

Sartre, Jean-Paul: „Die Kommunisten und der Frieden", in: Krieg im Frieden I, Reinbek 1982

Schäfer, Armin: „Kultur statt Ökonomie", in: Frankfurter Allgemeine Zeitung , 16.10.2017

Scheffer, Paul: „Der Exodus und wir", in: Frankfurter Allgemeine Zeitung, 22.12.2015

Schlaffer, Hannelore: Rüpel und Rebell. Die Erfolgsgeschichte des Intellektuellen, Springe 2018

Schlink, Bernhard: „Der Preis der Enge", in: Frankfurter Allgemeine Zeitung, 1.8.2019

Schönecker, Dieter: „Darf man mit Sarrazin diskutieren?", in: Frankfurter Allgemeinen Zeitung, 7.11.2018

Schüle, Christian: In der Kampfzone, München 2019

Schwarzer, Alice/Stokowski, Margarete: „Ich darf doch das feministische Du verwenden?", in: Der Tagesspiegel, 8.4.2019

Sperber, Manès: Anpassung und Widerstand. Über den Unvernünftigen und vernünftigen Gebrauch der Vernunft, Wien/München 1994

Steingart, Gabor: Morning Briefing, http://gaabor.steingart.com, morning-briefing, 27.5.2019

Streeck, Wolfgang: Gekaufte Zeit, Berlin 2015

Streeck, Wolfgang: Vortrag „Ziemlich beste Feinde. Das spannungsreiche Verhältnis von Demokratie und Kapitalismus", veranstaltet von der Schader-Stiftung und den Sektionen Politische Theorie und Ideengeschichte sowie Politische Ökonomie der Deutschen Vereinigung für Politische Wissenschaft (DVPW), Darmstadt, 23. bis 26. Juni 2016

Strenger, Carlo: Die verdammten liberalen Eliten, Berlin 2019

Toprak, Cigdem: „Deutschland ist Freiheit. Wir müssen sie uns nur nehmen", in: Die Welt, 18.6.2019

Weidenfeld, Arthur George: „Der IS gehört für mich in die Hölle", Gespräch, in: Die Welt, 13.12.2015

Welzer, Harald: Vortrag „Populismus – Gefahr für die Demokratie in Europa, 13.6.2018, Frankfurt University of Applied Science

Winkler, Heinrich August: „Kehrseitenbesichtigung. Zehn Jahre da-
    nach: Ein Rückblick auf den deutschen Historikerstreit", in: Frank-
    furter Rundschau, 29.10.1996
Winkler, Heinrich August: „Das Undenkbare denken", in: Frankfurter
    Allgemeine Zeitung, 28.9.2015
Wolffsohn, Michael: „Kein allgemeinpolitisches Mandat", Brief, in:
    Frankfurter Allgemeine Zeitung, 10.10.2018

Zielonka, Jan: Konterrevolution, Frankfurt am Main 2018